Aline Bernardi e Lígia Tourinho (ORGS.)

LAB CORPO PALAVRA:

CHÃO PARA UMA PRÁTICA DE ESCRITAS DANÇADAS

Circuito

cadernos sensórios corpo palavra

edições PPGDan UFRJ

a todas as pessoas que desejam encantar
sua relação com os corpos e as palavras
e àquelas que percebem a poesia
como um ato político

AGRADECIMENTOS

A Glória Maria Bernardi, por sua generosidade e amorosidade.
A Richard Riguetti, pela escuta sensível e testemunho carinhoso.
A Regina Tourinho e Severo Tourinho, por abrirem com amor os caminhos para a aparição das oportunidades.
A Flávio Lauria, pelo amor nesta caminhada.
A todas as pessoas que integraram, integram e integrarão o Lab Corpo Palavra.
A Denise Freire, pró-reitora de pesquisa da UFRJ [gestão 2019-2023], por acreditar e investir na Dança.
A Felipe Ribeiro e Ruth Torralba, coordenador e vice-coordenadora do PPGDan/UFRJ [gestão 2022-2023].

PRÁTICA DE ESCRITA

1.

começar a ler-sentir um livro pode nos levar a muitos lugares. Propomos uma prática de leitura-escrita sensória para ritualizarmos sua chegança aqui: feche os olhos e abra uma página do livro de modo aleatório, como se este fosse um oráculo. abra os olhos e deixe seus sentidos lhe apontarem um parágrafo e leia-o em voz alta. feche os olhos novamente e perceba a primeira palavra que surge para você, podendo ser uma palavra lida ou uma palavra que nasça de uma reverberação da leitura. escreva-desenhe essa palavra em um papel.

seja bem vinda(e/o)
ao Lab Corpo Palavra.
desejamos que estas páginas
te proporcionem diferentes
experiências com as palavras
em seu corpo.

DANÇADA

SUMÁRIO

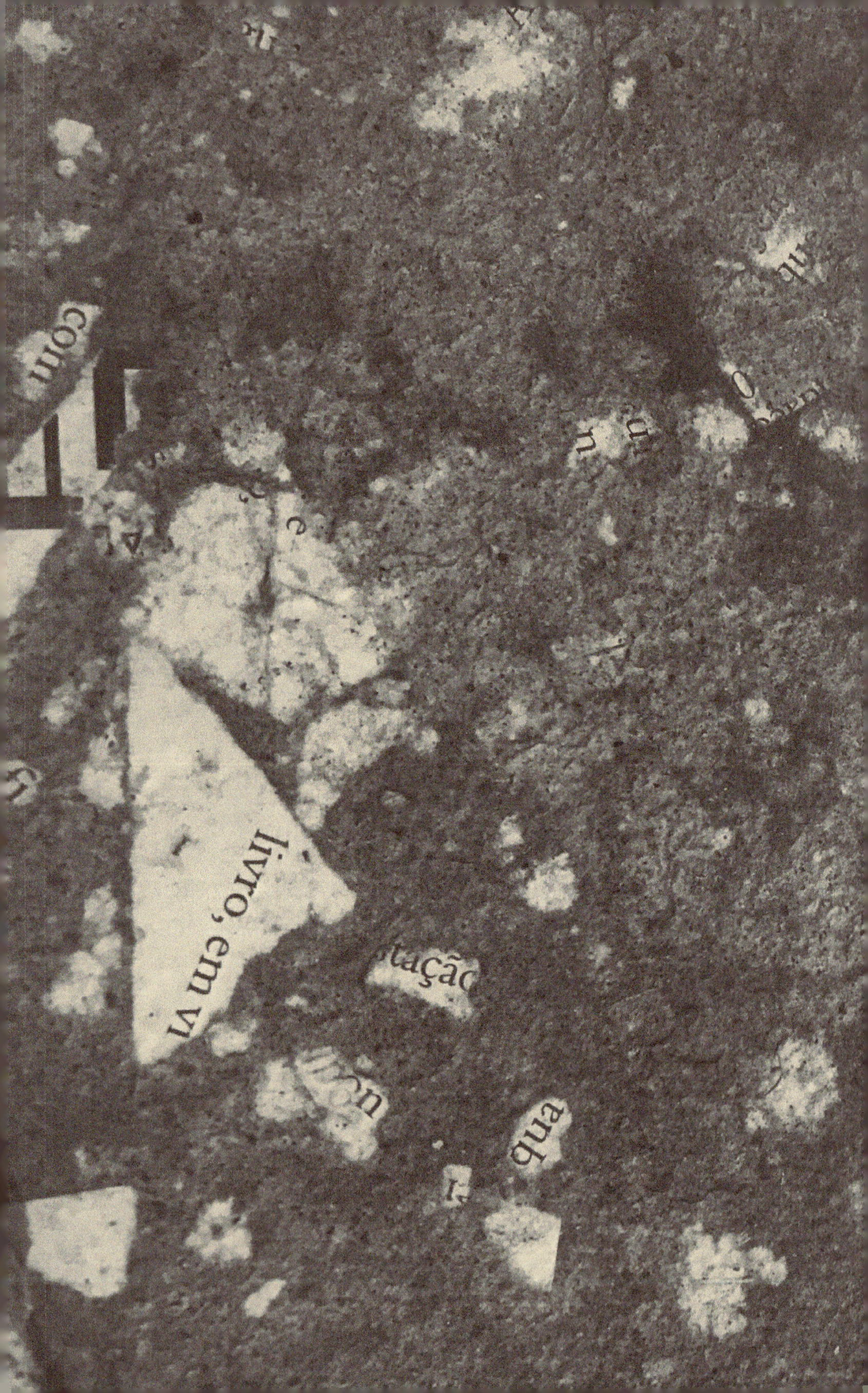
livro, em vi
stação

PREFÁCIO

Maria Ignez Calfa

Ao livro, um caderno...
Um chamado, um exercício, um ensaio...
Um convite ao prazer da escrita...

A obra *Lab Corpo Palavra: chão para uma prática de escritas dançadas*, da coleção Cadernos Sensórios Corpo Palavra, em sua composição de cunho literário, artístico e científico, organizada pelas autoras, Aline Bernardi e Lígia Tourinho, reúne com carinho e cuidado os tantos fazeres da escrita, folhas impressas, tecidas na riqueza dos saberes, das práticas que se manifestam nos textos revitalizadores, criam consistência e permitem dinâmica à leitura nas múltiplas formas desafiadoras em que se enredam, onde repousa na energia do sentido a escrita poética na fluência da experiência criativa.

Um livro que se dedica a explorar com honestidade, nas dobras corpo-palavra, a importância da escrita, e o faz de modo extraordinário no texto; um trabalho coletivo marcado pelas posições que se entrelaçam, em sua dimensão sensível e crítica, e se pergunta nas texturas do saber pelo não saber como um chamado às questões.

Na voz silenciosa do desassossego, provoca, inquieta e convida ao diálogo; dançam as palavras, reinventam afetos e deslizam poeticamente em andanças diversas, giram por pensamentos em movimento, criam reviravoltas e experienciam no corpo as narrativas costuradas nas atitudes éticas e políticas.

O corpo ao colocar-se entre o gesto e a palavra: se faz na vivência do sensível o lugar da experiência; acolhe e dá contorno às questões, pelos atravessamentos que se projetam no entregestos, no entrever e nas entrelinhas, traçando no espaço os riscos de se relacionar com a escrita e pensá-la sob outros olhares.

Corpo e palavra chegam de mãos dadas, pedem movimento, força e presença; brota do chão de possibilidades da escrita o pensamento-corpo na tensão da linguagem, recebe as aventuras e desventuras, falas e silêncios, nas vias de experienciação do real.

Aqui, a linguagem vigora no entrelaçamento da palavra-imagem-questão, na tessitura do corpo, ação que se realiza e que não cessa de mover, de dizer, de tecer, de se fazer escrita, inaugural e criadora, onde poeticamente se habita. "Nossas palavras se ajuntavam uma na outra por amor / e não por sintaxe" (BARROS, 2010, p. 450).

A palavra lançada na urdidura das tramas poéticas desloca o pensamento, desenhando trajetórias, sentidos e direções em sua feitura, se faz presente na infinitude das dobras, acessa lugares onde papel e pele se encontram como matéria de poesia.

A dança e a escrita, no tecer como prática do exercício viçoso da escuta da corporeidade, na vigência da experiência originária, se dá como nascedouro de poéticas que favorecem na força criadora a ação do aprender a desaprender. Lembrando Alberto Caeiro: "Uma aprendizagem de desaprender", que se realiza na experiência de um limite que transborda, cria raiz e busca na espacialização dos seus planos de composição a potência de criação, a partir de uma abordagem lúdica e performativa; vislumbra outros modos de existência que precisam ser plantados para libertar as amarras instauradas pela lógica colonizadora.

O corpo em posição com as coisas aponta a necessidade de refletir a dança, aceita o perigoso jogo de romper com modelos representacionais, conjuga todos os verbos, ações, intervenções que produzem no texto um campo de sentido na conexão com a sensorialidade da escrita.

Um convite ao pensar o sentido de todo agir que busca na fala das Corporeidades a urgência do dizer e a necessidade da escuta, na ruptura de padrões e modelos. Nas páginas, caminhamos por paisagens que deslocam e provocam um olhar menos viciado das palavras, das teorias e das epistemologias, construindo e contribuindo sobre o criar e o recriar-se nos processos pedagógicos e artísticos.

O corpo na profusão da linguagem, apresentado enquanto fenômeno poético, ético, fora do domínio, da reprodução e da automatização encontra eco nas questões políticas, ou seja, reivindica outros modos de aprender e escrever, desvela no texto a necessidade e o cuidado dos saberes praticados, menos massificados, tecidos na escrita como abertura à errância.

Abrem-se novos horizontes à palavra perceptível, ao investigar métodos que despertem a força criadora, mapeando cartografias e criando estados de correspondência; corpo e palavra fundam na dança o lugar perigoso; nos atravessamentos feitos, criam encruzilhadas: lá tudo se encontra, concentra e reúne na tensão de corpo, mundo e terra; soltos no tempo e no espaço, abrem caminhos.

É preciso descortinar o corpo em sua complexidade para ver na dança o salto vertiginoso da linguagem, no fluxo do pensar, sentir e agir. Isto nos faz crer que possa seguir acontecendo, fazendo sentido em meio a tanta luta, na insistência e na presença, principalmente pelo que, em nossa condição, humana é existência. "Eu escrevo com o corpo. Poesia não é para compreender, mas para incorporar." (BARROS, 2010, p. 43)

Abrindo com cuidado cada palavra...

Que seja um chamado ao mover-se: por entre, por limites e a fundo; um apelo para vir a ser, como possibilidade de vida, e a partir disso trazer na procura a cura no poético da Arte. Um convite à Educação no universo da Arte, na expansão de novas visões de mundo, na alegria do aprender, do criar, do conhecer e saber com alegria, que, ao dançar com as palavras na leitura, possa despertar o desejo da escrita e louvar o lugar das incertezas e estranhezas, acreditando nos alicerces das práticas e das escutas poéticas, sem temer as desaprendizagens feitas. Rogamos para que todo corpo tenha voz e vez.

2.

como uma palavra te convida
para dançar?

PRÁTICA

escolha uma palavra que esteja no
sumário e procure uma música que
tenha esta palavra. ponha para tocar
e dance livremente com a música.
após essa dança, faça uma pausa,
feche os olhos e perceba
o que você está sentindo.

DE ESCRITA

experimente nomear, em voz alta, as sensações que você está percebendo. respire profundamente e siga tateando o livro como desejar.

DANÇADA

APRESENTAÇÃO

Este livro começou a ser sonhado durante a realização de um projeto artístico e de pesquisa acadêmica. Estávamos em pleno acontecimento da residência artística imersiva e virtual *Lab Corpo Palavra: Coreografias e Dramaturgias Cartográficas*, com o patrocínio da Prefeitura da Cidade do Rio de Janeiro, da Secretaria Municipal de Cultura, Secretaria Especial de Cultura, Ministério do Turismo e Governo Federal através do Prêmio Fomento a Todas as Artes, da Lei Aldir Blanc. Concomitantemente, Aline Bernardi cursava o mestrado do Programa de Pós-Graduação em Dança da Universidade Federal do Rio de Janeiro (PPGDan/UFRJ), sob a orientação de Lígia Tourinho. A pesquisa foi guiada pela prática, tecendo uma trama entre a cena de dança da cidade do Rio de Janeiro e a universidade, tendo o Lab Corpo Palavra como interseção.

Celebramos, aqui, fazer parte da inauguração da Coleção PPGDan, destinada a compilar pesquisas do Programa de Pós-Graduação em Dança da Universidade Federal do Rio de Janeiro (UFRJ). Esta publicação, feita pela Editora Circuito, tem recursos financeiros oriundos da FAPERJ - Fundação Carlos Chagas Filho de Amparo à Pesquisa do Estado do Rio de Janeiro, resultante de uma política especial de apoio aos jovens Programas de Pós-Graduação da Pró-reitoria de Pesquisa (PR-2/ UFRJ) durante a gestão da pró-reitora Denise Freire. Este livro também é uma edição especial do selo editorial das produções do Lab Corpo Palavra, a Coleção Cadernos Sensórios Corpo Palavra.

O Lab Corpo Palavra (Lab) é uma abordagem artístico-pedagógica na área das artes do corpo e da cena, idealizada por Aline Bernardi, que propõe práticas de escritas dançadas, performativas e sensórias. As interseções e as relações entre o corpo e a palavra, em uma perspectiva cartográfica na relação vida-arte-vida, são motes para esta investigação. As dinâmicas convidam a uma prática de modulação das conectividades entre presença corporal, qualidades de movimento e produção-processo de (des)conhecimento, evocado aqui enquanto convívio com as errâncias, contribuindo com a redução das hierarquias que possam se apresentar entre a sensação de *saber* e de *não saber*. Nesse ambiente laboratorial sintonizamos somaticamente com as múltiplas escutas do/no/com o corpo, de modo que o conhecer não esteja dissociado do fazer, entretecendo e interconectando as tramas do pensar-sentir-mover.

Estávamos vivendo um momento desafiador da pandemia de covid-19, onde o isolamento social se fazia necessário e precisávamos encontrar maneiras de nos reinventar nas práticas cotidianas e artísticas. A residência artística ocorreu gratuitamente entre janeiro e março de 2021 e consistiu em uma ação formativa com desdobramento de processo de criação na área da dança, da performance, das artes do corpo e da cena. Foram selecionadas 33 pessoas através de uma convocatória pública, com ações afirmativas. Pessoas artistas, educadoras e pesquisadoras, entre 17 a 55 anos, oriundas de todas as regiões do Brasil, permaneceram em convivência diária, com encontros síncronos nas plataformas virtuais, num período de sete semanas consecutivas, de segunda a sábado, totalizando uma carga horária de cem horas.

Os dois primeiros módulos do Programa de (Des) Aprendizagem do Lab Corpo Palavra foram oferecidos juntamente com o processo de criação da videoperformance *Encantografar: estado de verbo desconhecido*, a videoarte *Mãoebius* e o e-book *Forças intermoleculares*, terceira edição da Coleção Cadernos Sensórios Corpo Palavra. Realizamos a Mostra Artística Cartografias Sensíveis, onde as obras foram exibidas no formato online, com tradução de libras, em uma programação de quatro dias, aberta ao público, com transmissão ao vivo no canal de YouTube Celeiro Moebius, selo artístico que reúne as manifestações poéticas do Lab.

Junto aos módulos, tivemos vivências e rodas de conversa sobre práticas do corpo com professoras(es) convidadas(os): Soraya Jorge, Ruth Torralba, Lidia Larangeira, Ana Paula Bouzas e Pedro Sá Moraes. E com o intuito de ampliar a rede de convidadas(os) e apresentar a base teórica da pesquisa, foi organizado um ciclo de palestras com as(os) artistas-pesquisadoras(es): Hélia Borges, Ciane Fernandes, Sandra Benites, Maria Alice Poppe, Katya Gualter, Ana Kfouri e Ondjaki. As ações foram transmitidas ao vivo e estão disponíveis no canal do YouTube Celeiro Moebius, com tradução de libras.

Diante da riqueza dos saberes compartilhados nas palestras e nas rodas de conversa, fomos percebendo a importância de tornar este material um livro. A proposta foi lançada às pessoas convidadas e constituímos um comitê científico interinstitucional e com representatividade de diferentes localidades de nosso país: Eleonora Campos (UFPEL), Felipe Ribeiro (UFRJ), Igor Fagundes (UFRJ), Lucas Valentim (UFBA), Luciana Lyra (UERJ) e Tania Alice (Unirio). Convidamos Maria Ignez Calfa, professora aposentada do Departamento de Arte Corporal da UFRJ, para escrever o prefácio, já que foi uma das professoras integrantes da banca de qualificação e defesa do mestrado de Aline; juntamente com Hélia Borges, que é uma das autoras do livro. E Ivan Maia assina a orelha, professor do bacharelado interdisciplinar em Artes do Instituto de Humanidades, Artes e Ciências (IHAC) e do doutorado em Difusão do Conhecimento, ambos na UFBA, e professor do mestrado interdisciplinar em Humanidades na Universidade da Integração Internacional da Lusofonia Afro-Brasileira (UNILAB). Todas as imagens do livro são do acervo do Lab Corpo Palavra.

Os diferentes formatos de grafias, redações e desenhos são celebrados nesta proposta. A trama deste livro alterna-se entre artigos, escritos performativos, conversas, imagens e breves convites às práticas do Lab Corpo Palavra, como modulações da/na leitura. As escritas nos conduzem a um caleidoscópio de engendramentos entre o corpo e a palavra.

Hélia Borges, em “Sobre a força que escapa”, enfatiza a arte como agente experimental do devir na produção de corporeidades, defendendo que as perspectivas ontológica e epistemológica deveriam coexistir em mútuo enriquecimento. Desvela a exemplificação das investidas artísticas de Lygia Clark, ao relacionar questões acerca do corpo e conexões com a experiência vivida. Nos convida ao jogo eu-mundo, tendo o corpo como mediador, evocando uma perspectiva existencial na contracorrente da lógica do pensamento colonizador. A criação e recepção artísticas são abordadas enquanto ações que irrompem o racional rumo à vivência do sensível. Prioriza a afecção, até mais do que a percepção, em seu papel de sensibilização e produção de experiência estésica, sendo primorosa ao engendrar palavras-imagem que provocam a sensorialidade da pessoa que lê.

Em tom de conversa, Aline Bernardi convida Ondjaki para uma prosa sobre dança e literatura. O poeta e escritor angolano é um contador de estórias que nos oferece diferentes imagens, situações e metáforas para nos fazer perceber as qualidades de sua condição sensível no modo de tecer seu processo de criação com as escritas e sua dedicação ao campo literário.

Aline Bernardi nos expõe suas motivações com as escritas dançadas em "Por que escrevo cartas?", revelando sua fascinação e interesse pela poética das cartas como modo de pesquisar os acionamentos das sensorialidades das palavras. Propositora e criadora do Lab Corpo Palavra, anuncia a proposta como um campo de experimentações das escritas que deixam o verbo brotar da experiência com o campo das sensações, das grafias que expressam o que oralmente o corpo fala em sua existência. Tece duas cartas: uma para Lygia Clark e outra para Hélio Oiticica, em diálogo com a compilação de correspondências que estes artistas trocaram entre eles no período de 1964-1974. Aline investe nas cartas pois acredita que estas incitam a força pulsional do corpo e inauguram poéticas híbridas, transversais e desierarquizadas.

Em "Queda: o corpo e a dança", Maria Alice Poppe propõe uma coreografia do pensamento ancorado na poética da queda e mergulha na experimentação entre corpo e palavra, na busca de uma espacialização da escrita como movimento dançado. Os diagramas, as citações, o jogo com fontes e interrupções sublinham o desejo de pesquisar impulsos, deslizes no urdimento de linhas e páginas, desvelando uma escritura lúdica, performativa, em conexão com a sensorialidade.

Soraya Jorge, em "Sentido", nos apresenta a disciplina do Movimento Autêntico de forma performativa e poética. Partindo de um relato sobre sua extensa experiência com a prática, a artista e pesquisadora nos leva a vivenciar princípios desta abordagem somático-relacional, conectando corpo, palavra e sentidos.

Em "A palavra como potência de abertura", Ana Kfouri desvela e sintetiza aspectos de sua pesquisa artística, publicadas em seus livros autorais. De forma intimista e a partir de uma linguagem convidativa ao diálogo, a autora nos conduz a pensar a palavra--corpo sempre em tensão e em relação com os fazeres artísticos e formativos das artes cênicas.

Numa segunda proposta de conversa, Aline Bernardi chama Sandra Benites para compartilhar seus saberes ancestrais. Como mulher indígena, Sandra nos apresenta sua perspectiva e vivência com o Corpo Território, a partir da cosmovisão Guarani. Como mãe, educadora, ativista, curadora de arte e, atualmente, coordenadora de Artes Visuais da Funarte, Sandra luta pela presença das mulheres Guarani nas instituições.

Lígia Tourinho partilha sua experiência e pensamentos sobre dramaturgia no decorrer do texto "Dramaturgia moébidica: a arte de enquantar tessituras". Entre o fazer e teorizar sobre a prática, desdobra as relações entre a pluralidade do conceito de dramaturgia(s) e as dobras em processo de criação da dramaturgia das obras realizadas na residência artística do Lab Corpo Palavra. O texto cria paralelos entre o fazer dramatúrgico e a fita de moebius, desvelando a infinitude de possibilidades de engendramentos da ação, entendendo seu fazer na vivência do processo.

Em "Biografia Cristal: o romance *Bugrinha* sob uma perspectiva da dança-teatro", Ciane Fernandes faz um relato de experiência do processo de criação da obra *Bugrinha desde sempre*, a partir do romance de Afrânio Peixoto. A autora apresenta os princípios e implicações da Abordagem Somático-Performativa e nos convida a testemunhar a conceituação de experiências e percepções subjetivas. Influenciada por Rudolf Laban, fundador da dança-teatro, associa aspectos de suas teorias de eucinética (pulsão ou expressividade) e corêutica (harmonia espacial – formas cristalinas), bem como a abordagem de improvisação do *Tanz-Ton-Wort-Plastik* (Dança-Tom-Palavra-Plástica), para desenvolver pesquisas *em* movimento, ao invés de *a respeito* do movimento.

Ruth Torralba e Lidia Larangeira nos convidam a vivenciar suas escritas performativas em "Práticas de *estarcom* como medicina para sonhar o chão da dança em tempos de pandemia". Esta leitura se dá em diálogo imersivo e propõe uma trama entre os povos da cidade e os da floresta. As autoras nos contam sobre o projeto *Posaûsub ibi* (sonhar o chão que se pisa): corporeidade e descolonialidade nos cruzos da dança. O termo "sonhar o chão" é uma flecha multidimensional que tensiona os limites entre arte, educação, política e cuidado. Um agenciamento de aliança político-afetiva com o território da *Teko Haw Maraka'nà*, onde são realizadas as ações da Universidade Pluriétnica e Multicultural Indígena Aldeia Maraka'nà. Ao sonhar o chão com a *Teko Haw Maraka'nà,* as autoras nos convocam a acompanhar, colaborar, apoiar, aprender a "*estarcom*".

Em "*CorpoPombagira* - por uma gestão de si, na prática da Arte-Educação", Katya Gualter, ao se cartografar, investiga as interseções entre o corpo e a palavra no processo de criação artística na relação vida-arte-vida. Nos convida a pensar seu corpo e nossos próprios corpos como produtores de mapas, nas inter-relações pessoais junto ao coletivo. Enfatizando que não existe corporeidade neutra, nos conduz a compreender os espaços em suas múltiplas dimensões e os modos como esses espaços influenciam nas posturas, atitudes, valores, desejos, comportamentos, políticas.

Desejamos que estas páginas possam contribuir com as perguntas, as buscas e as motivações de artistas, pesquisadoras(es) da dança, das artes do corpo e da cena, da literatura, das artes visuais, da educação, da filosofia, da antropologia, da psicologia, e demais pessoas que tenham o desejo de corporificar a sua relação com as escritas, que tenham a inquietação em fazer do pensar um ato de criação corporal.

Aline Bernardi e Lígia Tourinho.

SOBRE A FORÇA QUE ESCAPA.

Hélia Borges

Escrever absurdez aborta o bom senso.
(Manoel de Barros)[1]

Inicio aqui propondo que a epígrafe arrebate a intensidade do poeta em nós, de modo que as ideias desencadeadas neste texto possam ser abordadas por contágio e ressonância. Deixar-se levar pelo absurdo, pela estranheza, implicar-se na chance de sair do senso comum, do bom senso, o que possibilita o acesso ao obscuro, ao que dá vida à forma. A arte nos oferece esse acesso, e tal evento – a afecção – viabiliza a criação.

Nas pesquisas acadêmicas no domínio da arte ressalto duas perspectivas que se entrelaçam: a perspectiva epistemológica e outra, ontológica. A pesquisa epistemológica, que costuma guiar grande parte dos textos teóricos neste campo, pertence ao ganhar conhecimento, ao saber implicado na lógica do entendimento que, buscando os significados nos objetos pesquisados, caminha rumo às representações.

No ponto de vista ontológico, de modo diverso, implica-se a experiência: o ser-sendo, o tornar-se. Aqui o corpo é ativado no encontro entre a expressão artística e o corpo do observador, entre o corpo do artista e as multiplicidades mundificadas, de forma a nos abrir para o conhecimento. Aqui é o tornar-se pelas afecções vividas, o estado de atravessamento de mundo no corpo o que é privilegiado; cabe o experimentar-se, o sentir-se vivo, o sentir-se real.

Tais perspectivas, ontológica e epistemológica, deveriam coexistir em mútuo enriquecimento. Proponho, nesse texto, que possamos ter como perspectiva privilegiada o ponto de vista ontológico de modo que, ao observar um fenômeno artístico

1 Verso do livro *Escritos em verbal de ave* (2011).

– a partir da estranheza, do espanto –, possamos acessar essa *onda do outro-diverso-de-mim* como construção necessária ao processo de liberação dos estados colonizados aos quais nos encontramos submetidos.

A dança, o gesto e o movimento traçam, em sua trajetória no espaço, o percurso da experiência vivida; são marcas que, registradas no corpo, na corporeidade emergem. O sujeito se compõe em sua trajetória; linha interminável no presente intenso e perene de nascimentos de mundos. Fora da lógica racionalizada, a arte, ao colocar em cena o indeterminado, capta a força de deslocamento que faz a vida acontecer.

A manifestação artística amplia horizontes apesar dos constrangimentos implicados na homogeneização de mundo que decorre da negação da turbulência característica da vida. Esse negacionismo se constitui a partir do privilégio da lógica da racionalidade que se sustenta na ausência do pensamento crítico. Nas expressões artísticas, no entanto, desabrocham trajetos e devires.

Natureza e cultura imbricam-se, pondo a nu o reducionismo que se operou pelo pensamento colonizador em suas práticas de assujeitamento, pela exclusão imposta por modelos hegemônicos. Disto resulta o apequenamento derivado dos definidores pessoalizantes, humanizantes, definidores pautados no modelo patriarcal / fálico / capitalista / colonial / eurocêntrico, que marca o exercício dos poderes no mundo globalizado contemporâneo, levando ao paroxismo de ações de violência, exclusão e extermínio.

O processo de colonização recorrente organiza-se a partir do entrelaçamento de níveis de controle – controle da economia, da autoridade, da natureza e dos recursos naturais, do gênero e da sexualidade, da subjetividade e do conhecimento. Por seu modo de captura, produz o esvaziamento da capacidade receptiva do corpo, minguando a chance de se afetar com as forças do mundo: forças do dentro e forças do fora. E, às custas de um movimento autoplástico, emergem práticas colonizadoras reproduzindo, por todos os lados, a lógica perversa do poder.

A contrapelo, no entanto, a arte revela-se como um anti-humanismo, pois rebate o pensamento redutor que exclui e submete o que não cabe na lógica colonizadora. A arte é o movimento autoexpressivo das forças; revelação da deriva de formas de vida.

As impressões territoriais que porta a arte não estão relativas somente ao sujeito humano, mas a todo um composto de formas e forças da existência, sendo o gesto primordial da arte recortar, talhar, delimitar um território para nele fazer surgir as sensações.

Assim, a criação artística, atravessada por forças *mais que humanas*, projeta-se no universo, no cosmos, na vida inorgânica. O artista é aquele que entra em processo de devir, é um ser de absorção, de captação de mundo. Nessa captação de mundo, descobre uma multidão que o constitui, pré-individualidades e singularidades que nos oferecem a possibilidade de ir além do já semiotizado.

A experiência sensória, estésica, que marca a expressão artística, seja no criar, seja no encontro com sua manifestação, fomenta a capacidade de maquinar nos espaços privados, secretos, indizíveis, e é através dos encontros que acessamos os modos de existência em seus ritmos, modulações e gradientes característicos. Nesse caminho de apreensão, signos são marcados no corpo, produzindo ligaduras de sentido. O campo intensivo, campo das forças, molecular, se dá a perceber implicado num estado de ser-com-o-mundo, não simbiótico, mas extenso, num deslocamento constante entre o dentro e o fora, de modo a abrir-se à experiência, ao devir, ao transformacional. O fora transpira.

A tarefa que se apresenta, então, a partir das afecções geradas pela experiência estésica, seria a de arrancar as palavras da linguagem que as dominou, revelando aquilo que nos tornamos a partir das tecnologias de produção de subjetividade. Desde o momento em que um corpo vem ao mundo, para ser reconhecido como humano terá que passar por um protocolo linguístico-conceitual. E isso se dá através do modo como naturalizamos a identidade. Caem sobre o corpo imagens-gestos-palavras plenos de significado, comprometidos com o projeto de tornar-se humano. E essa forma/fôrma, interdita/dificulta a multiplicidade enriquecedora dos trajetos existenciais.

Na experiência estésica, os blocos de sensação fazem desabrochar devires, pois essa experiência, como transdutora de signos, devolve à palavra o dom de encantamento, reconstitui o dom de magia à palavra que, ao se transformar em código, se torna oca. Esta propriedade acontecimental da palavra, para além do discurso, se encontra no campo das forças, no corpo, antes da palavra, na concretude, no Fora[2]. O Fora do discurso é o modo como a linguagem se apresenta quando ela se enuncia: é momento de fugacidade do discurso; aí, ao emergir o ritmo que escapa ao código, a marca singular do artista pode se revelar através do silêncio da palavra, nos movimentos intensivos expressos na pintura, no movimento que vibra no dançarino, no texto literário... Enfim, o ritmo é capaz de transdução, pois apanha as mínimas nuances do concreto. O ritmo pulsa e traduz qualquer expressão em matéria sensível.

Nesse sentido, uma aproximação da potência da música nos faz pensar sobre a força que essa expressão artística tem de atingir o corpo na sua pulsação rítmica, e, fora da lógica do código, a música exerce seu poder de contágio. Assim, o movimento se desencadeia nos fazendo vibrar tomados pela pulsação no encontro do ritmo da música com o meu corpo. Cada manifestação artística parece encontrar seu modo de atingir o corpo, gerando a capacidade de deslocar um pensamento reduzido de mundo.

Assim, é possível transpor traços do corpo para o pensamento, pelo poder característico do corpo em traduzir os movimentos corporais em movimentos do pensamento. Pensar, desde a experiência do caos como experiência desterritorializante, portanto, nos é propiciado pelo encontro estésico que permite nos afastarmos do sujeito do discurso, para entendê-lo a partir de um *humano* que mergulha no mundo dos possíveis, manifestando a excitação que acompanha a potência da vida no seu existir singular, no tornar-se outro, no germinar-se nas travessias: porque a complexidade, liberada de suas sujeições discursivas significantes, se encarna em danças maquínicas.

José Gil (1980) nos chama a atenção, no seu livro *Metamorfoses do corpo*, para a capacidade do corpo em ser o agenciador de novas derivas. O estado de transe que nos habita revela a intensa fricção do corpo com o mundo em sua capacidade de captar o que se coloca fora da lógica racionalizada. Aponta os xamãs, os médiuns, os momos como exemplo do que foi invisibilizado pela

2 "[...] é preciso distinguir a exterioridade e o lado de fora. A exterioridade é ainda uma forma [...], mas o lado de fora diz respeito à força" (DELEUZE, 2005, p. 93).

dimensão racionalizada. Aponta que a arte se constitui a partir da experiência do vivo. A capacidade de metamorfose seria a condição de um corpo que se afeta com o mundo entrando em outros estados fora da razão-consciência e que se constituem como outras formas de aproximação e apreensão do real.

Para ele, o xamã seria capaz de captar o invisível e fazer passar de um código a outro, de um estado a outro, como ato transdutivo em que a corporeidade – no seu incessante movimento característico do vivo – faz acontecer. Ainda segundo esse autor, a partir dos estados de transe, o xamã seria capaz de captar os signos e de ofertar uma *linguagem* que viabilizaria exprimir os estados informuláveis até então. Fazemos, assim, uma aproximação da arte e de sua potência na produção de novos sentidos, de múltiplos sentidos, que é viabilizada pela experiência estética vivida na fricção operada pela sensorialidade.

A arte consiste em seguir os fluxos da matéria, consiste em ofertar à sensação a possibilidade de captar as forças invisíveis, mostrar o momento de metamorfose. Ao buscar no corpo a marca do tempo, é possível desvelar o fato de que a eternidade, como matéria em movimento, e não como vazio transcendente – nomeada *falta*, aponta para a vida como obra de arte, massa sensorial produto de experimentação, onde memória e desejo compõem as atualizações existenciais.

A arte como declanchadora[3] de possíveis, lugar de favorecimento de gêneses, torna-se clínica e crítica ao derreter as linhas de contorno e constrangimento dos corpos, ativando sensorialidades. Ao atravessar a redução perceptiva que captura as subjetividades, amplia seu campo, abre horizontes, pondo à mostra o que fica oculto pelo reducionismo do pensamento reflexivo.

Na experiência estética vivida no contato com uma obra de arte, somos capazes de acessar universos ao mesmo tempo estranhos e familiares, que nos permitem extrair desse encontro dimensões intensivas, atemporais, aespaciais, assignificantes,

3 O artista Hélio Oiticica transcriou o verbo francês *déclancher*. (verbo que é traduzido por disparar [uma arma]; destravar; provocar). H.O. afirmava-se como um declanchador de estados de invenção. Ver texto de Beatriz Carneiro: "Uma inconsútil invenção: a arteciência em José Oiticica Filho". Disponível em: https://revistas.pucsp.br/pontoevirgula/article/download/14026/10340/33818.

para além dos ajustamentos semióticos a que estamos submetidos. Esse processo nos envia, por vezes, ao limite do pensamento, desajustando os processos impeditivos de outros olhares para mundos possíveis.

Assim, entendemos a contribuição do ato performático expressivo da arte: possibilitar, por meio da experiência cognitiva sensorial, o acesso a campos que ultrapassam a compreensão racional de significados. Ao se utilizar de elementos que desconstroem os conjuntos semiotizados, desdobra-se na contramão da lógica racionalista que busca no sentido único, no significado datado das coisas do mundo, seu suporte para o pensamento. As estratégias performáticas viabilizam a transformação dos processos de arte em forma de vida.

Podemos conjugar à ideia de *performance* o *nonsense*, o paradoxo, o espaço diferencial e, assim, nos aproximarmos de um campo de fluxos longe do senso comum e do bom senso. Estes – o bom senso e o senso comum – só fazem repetir predicados e caminham sempre na mesma direção, buscando a harmonia e o deslocamento linear. O ato performático, portanto, realiza agenciamentos de semiotização, impedindo que se prenda ao mesmo sistema interpretativo o mesmo invariante de figura de expressão, liberando-se de suas sujeições discursivas significantes.

José Gil (1996), em seu livro *A imagem-nua e as pequenas percepções*, nos chama atenção para as contraimagens de Joseph Beuys. Com sua proposta de campo alargado da arte, esse artista da performance nos provoca e nos possibilita, *por meio* de ações, o acesso ao inconsciente enquanto força, permitindo que autor e espectador se comuniquem, de modo que nesse ato, ao captar as forças, o artista se coloque em ação, viabilizando que o invisível de algo seja percebido. Ao interpelar as forças inconscientes do espectador, não o inconsciente recalcado, mas os vazios – o que se coloca entre ausência de representação de coisa ou imagem e as pulsões –, o artista seria capaz de expressar o caráter imanente das coisas do mundo.

Esses estados se sustentam na atualização de um campo de virtualidades sempre presentes que, como processos subjetivantes, operam através das forças ainda não codificadas, *transduzindo-se* em formas. Tais forças estão em um campo intensivo como virtualidades atualizadas no processo de construção de mundos a partir da preensão perceptiva. Embora não conscientes ou conscientizáveis, esses virtuais se dão aos sentidos por meio das micropercepções, dos espaços moleculares, e vão constituir parte do dialeto de cada um – o estilo.

Enfatizamos aqui a importância de atentar para os processos primários que se dão no início da vida, onde se localizariam as experiências de captação de mundo pelas sensações vividas na corporeidade. Espaço/tempo assignificante no qual os encontros se dariam, nesse vir a ser, na processualidade, nesse fluxo intensivo em que o percepcionar está impregnado de uma corporeidade aberta, deiscente.

A potência do corpo se desenvolve sobre um fundo de impotência primeira. Em virtude de sua prematuridade e de sua dependência do meio exterior, o infante se encontra aberto aos agenciamentos intensivos, e é por esta via que os cuidados são fundamentais para que o corpo do bebê se torne capaz de ter consciência de si e do outro. Podemos constatar, assim, que a fragilidade inicial é uma força de onde o corpo retira sua potência, justamente por ser uma forma em formação. A infância em todos nós preserva seu olhar assignificante sobre o mundo, são campos pré-discursivos em que a intensidade que subjaz ao discurso mantém a linguagem viva.

A experiência estésica, ao operar nas bordas do corpo, realiza um trabalho de desabrochamento de algo que permanecia congelado no corpo, por meio da ativação de sua sensibilidade. Na dança, entendida como vibração dos corpos, a experiência aparece na relação *entre* a gestualidade do dançarino e o movimento, e naquele que a observa. Tal acontecimento tem sua concretude evidenciada através do ato percutório, ou seja, pelo vivido nos estados de percussão entre os corpos. Revela-se, deste modo, a ressonância que ocorre entre os corpos. O movimento sempre remete a uma mudança, uma variação de território; as qualidades são puras vibrações que mudam ao mesmo tempo em que os elementos se movem, um sistema de dinâmicas pulsáteis das poliformias complexas que dão ao movimento suas texturas, seu "sabor", a riqueza das manifestações corpóreas, no "antesmente verbal" (BARROS, 2004, p. 53), o nascedouro de mundos.

O rico trabalho da artista da dança Angel Vianna se dá via corpo sensório em movimento, no qual as performances propõem em si entrelaçamentos entre arte e vida, desajustando os processos de captura das subjetividades e favorecendo a emergência de novas possibilidades existenciais.

Essa artista da dança nos implica em atravessamentos, por possibilitar práticas de experimentação que incidem sobre corpos que, atingidos pelo processo colonizador, se tornam impossibilitados de aceder aos processos de criação. O processo colonizador se caracteriza por práticas subjetivantes que impõem – como explicitado anteriormente no texto – um horizonte perceptivo predefinido a que estamos submetidos, gerando um olhar laminado impedido de ver além do já codificado.

É a partir da reabilitação da sensorialidade – pelas *políticas de visceralidade*[4] veiculadas via experimentações corporais propostas por Angel Vianna – que se atiçam afecções, de modo a viabilizar a abertura ao pensamento crítico. Esta é a característica do trabalho desenvolvido por Angel, em que pensamento e experimentações deflagram novos horizontes, saindo dos modelos preconcebidos.

Frente às ruínas que nos cercam, decorrentes da ideia moderna (pós-modernidade tardia) de progresso, a experiência estética no acontecimento-corpo permite uma crítica ao caminho deletério que se vincula à ideia de progresso, buscando nas bordas, nas derivas, a força vital atrofiada pelos interesses econômicos que desqualificam a vida enquanto potência e transformação.

A partir desta perspectiva, no trabalho da artista da dança Angel Vianna, a poética do corpo desabrochada se caracteriza como força agenciadora de novas formas que, pela operação de desestabilização do território conhecido, produz uma dilatação no campo expressivo.

Aproxima-se, assim, da poética de Lygia Clark, que buscava no encontro dos corpos, entre os corpos, formular novas possibilidades para a existência; buscava liberar os movimentos corporais de suas amarras, entender o corpo em comunhão com

4 MBEMBE, Achille: https://laboratoriodesensibilidades.wordpress.com/2019/07/18/poder-brutal-resistencia-visceral-achille-mbembe-quando-o-poder-brutaliza-o-corpo-a-resistencia-assume-uma-forma-visceral/.

o coletivo, expandir-se na sua expressão mais singular, criando espaço para expressar-se.

Assim, também, a escrita sensória desenvolvida pela artista Aline Bernardi no Laboratório Corpo Palavra nos oferece como método liberar as amarras do corpo, condicionadas por tantos séculos a posturas e endurecimentos que sustentam a escrita na comunicação pautada na lógica da racionalidade, em que vetores transcendentes privilegiam o modo como nos relacionamos. A verticalidade como centralidade retira o homem da natureza, implicando-o em uma escala de valores que se exacerba cada vez mais pelas políticas neoliberais da contemporaneidade.

Francis Bacon se perguntava: como o sistema nervoso é atingido pelo objeto artístico? (DELEUZE, 2002). Essa é também uma das questões que instigava o trabalho de Lygia Clark, a fim de recuperar a força da experiência artística saindo do mergulho esvaziador decorrente dos egos inflados tomados de assalto pelo mercado da arte. Coloco aqui em destaque Lygia Clark, com a poesia de seus objetos relacionais, no limite entre arte e clínica que, junto a toda uma geração de artistas, buscava recuperar os estados sensórios, evidenciando o corpo em suas afecções no contato com a obra. Aí se colocaria a possibilidade de resistir à violência do mercado de arte, que estanca a capacidade perceptiva usurpando o olhar do observador na direção de caminhos predeterminados – os antolhos, melhor dizendo – por onde a obra deveria ser apreciada.

Para essa artista, a tarefa, com suas proposições, era liberar os gestos reduzidos pela mecanização. Implicada com as expressões da vida nos corpos, tinha na transitoriedade a afirmativa da existência em continuidade, o fazer-se em oposição à ideia de produto acabado que construiu um processo de alienação da vida, obturando os espaços de criação.

Diz Lygia: “Eu percebo o mundo inteiro como um ritmo único e global, que vai de Mozart ao *footwork* de uma bola de futebol na praia”[5]. Aponta esse campo imanente da experiência de trânsito das coisas do mundo, um inconsciente para além do inconsciente

5 CLARK apud BOIS, Yve-Alain. *Lygia Clark: 100 anos*. Rio de Janeiro: Pinakotheke, 2021, p. 15. CLARK, L. "1965: About the Act", October, 69 (Summer, 1994, p. 3).

do recalque que viabiliza o acesso ao universo intensivo presente nos microdetalhes da vida.

Em relação às proposições de Lygia, Medalla[6], um artista e curador que esteve em contato com sua obra, nos traz uma observação que revela com clareza o além da forma de que trata o trabalho dessa artista. Lygia trazia o vivo em sua palpitação concreta na experiência com os objetos, como se liberasse o acesso às sensações arcaicas armazenadas na memória ontogenética e filogenética.

> Na primeira vez que toquei na escultura de borracha elaborada por Lygia Clark, fiquei impressionado diante de sua semelhança com o prepúcio de um pênis não circuncidado. Uma escultura de borracha de Lygia assemelhava-se, pra mim, ao prepúcio de um pênis não circuncidado, não por sua forma ou por seu tamanho superficiais, mas por sua elasticidade e sua reversibilidade, por sua maravilhosa aptidão de se desenvolver e de se vergar sobre si, ao toque do participante[7].

A experiência relatada por Medalla nos provoca insistentemente por sair da forma/fôrma que nos leva a perceber o mundo para nos aproximarmos desse campo do vivo enquanto imanência. Não é o movimento em si que é visado, mas a **experiência** do movimento, colocando em evidência as intensidades, os ritmos que nos habitam e que, apesar da laminação decorrente dos processos hegemônicos, nos permitem poder afirmar a vida em sua potência singular.

O processo de exacerbação das relações de poder que se estabeleceram visando assujeitamentos necessários à manutenção do Estado moderno – que constituíram no nascimento da categoria de sujeito – se deu pela radical experiência de rachadura entre o eu e o mundo. O ser identitário, individualizado, através da razão

6 David Cortez Medalla (1942-2020) foi um artista internacional filipino e ativista político que trabalhou com escultura, pintura e arte cinética.

7 CLARK, Lygia apud BOIS, Yve-Alain. *Lygia Clark: 100 anos*. Rio de Janeiro: Pinakotheke, 2021, p. 17.

consciência, pensa para ausentar-se, afasta-se das *animálias*[8]. Dentre os pensadores da cultura, críticos do projeto da modernidade, é importante ressaltar Freud. A psicanálise nasce com a potência da denúncia de uma cultura que centraliza seu projeto em uma perspectiva racionalista, propondo como agente perturbador o fato de que o homem vive do seu isso: o inconsciente como corporeidade revela a fragilidade da consciência, tão cara ao projeto iluminista falocentrado.

Encontramos nos textos freudianos conceituações mergulhadas e marcadas por suas leituras filosóficas e estéticas, propondo aproximações da complexidade do humano a partir do contato com a arte, a filosofia e outras questões culturais. Observamos, em seus escritos, o deslocamento constante em busca de novos agenciamentos que pudessem iluminar esse obscuro universo, permeado de vetores cósmicos, uma leitura em que a natureza se apresenta atravessada pela pluralidade de mundos na existência. Uma existência perverso-polimorfa: múltiplos modos: um fundo obscuro, clandestino que nos constitui através de um caminho errante, opaco e instável. Característica dos processos de criação, é pela sensorialidade que contemplamos a possibilidade de captar as forças invisíveis e de revelar o momento de metamorfose.

Agamben (2014), em *O uso dos corpos*, último livro da coleção *Homo Sacer*, chama-nos atenção para alguns dos temas fundamentais, visando problematizar a questão do individualismo e do narcisismo expressivo do autocentramento do sujeito contemporâneo. Colocando em evidência a ideia de corpo impróprio contrapondo-a à ideia de propriedade, convoca-nos para o "comum", tema que desenvolve na maioria de seus escritos. Agamben é outro autor que reforça um rebatimento ao fechamento operado pelo código, pela representação, forçando-nos, assim, a repensar o "comum" como o que nos incitaria à vida.

8 *Porém agora, arma na mão, já lhe apetecia ser patrão de outras vidas, espezinhar as restantes criaturas, subitamente inferiores. Lhe subiu uma repentina raiva de, no passado, se ter sentido irmão daquelas* ***animálias****. A prepotência lhe vinha da espingarda ou a idade lhe matara a fantasia? Ou será que todo o adulto se adultera?*
[...]
Sem a luz da dúvida o ódio cresce melhor.
(COUTO, Mia. *Estórias abensonhadas*, p. 78)

Para além do mundo representado, fora do inconsciente do recalque, há um inconsciente habitado pelas forças que nos atravessam nos atos da própria existência: **afetando-me me efetuo**, um campo de afetação aberto às múltiplas manifestações dos modos de vida. Trata-se de pensar a existência singular de um corpo, como modo de ser.

Agamben, realizando então uma ontologia do estilo, se pergunta como descrever uma *forma-de-vida*. Afirma que devemos pensar uma forma-de-vida como um modo próprio de ser inseparável de seu contexto, já que não está em relação, mas em contato com ele. "O que denominamos como forma-de-vida corresponde a essa ontologia do estilo; ela nomeia o modo como uma singularidade dá testemunho de si no ser, e o ser expressa a si em cada corpo" (2014, p. 261).

Ao captar uma sensação, desfaz-se uma série de linhas de sentido, o que nos empurra para a busca de um entendimento do que ocorre em nossa experiência. Deste modo, criamos pensamento. A obra de arte instiga o deciframento de uma sensação experimentada e, por isso, produz um lugar de expressão que oferece a chance de o observador habitar esse outro universo.

Agamben, ainda no livro *O uso dos corpos*, nos traz considerações importantes sobre "a hermenêutica do sujeito" em Foucault. Dá sequência à sua proposição para que o pensamento restaure sua potência crítica, afirmando que:

> [...] só se o pensamento for capaz de encontrar o elemento político que se escondeu na clandestinidade de cada existência, só se, para além da cisão entre público e privado, política e biografia, zoe e bios, for possível delinear contornos de uma forma-de-vida e de um uso comum dos corpos, a política poderá sair de seu mutismo, e a biografia individual, de sua idiotice (AGAMBEN, 2014, p. 17).

Esse autor nos fala, portanto, da importância de expandir a capacidade de pensar criticamente, de forma a resistir aos processos de colonização impeditivos de acessar a multiplicidade de expressão da vida orgânica e inorgânica que existem em nós e além de nós. O "comum" que chama atenção se refere ao que se coloca no campo do Fora. Poder partilhar da existência afirmativamente requer deixar-se afetar pelo que se coloca no Fora.

Na hermenêutica do Sujeito, Foucault, segundo Agamben, irá propor o cuidado de si e a prática de si como um modo de restaurar a força singular silenciada pelos processos colonizadores, entendendo que o cuidado consigo mesmo é o modo como o sujeito se constitui a si mesmo, em sua relação imanente com a vida. Agamben brilhantemente denomina de **passear-se a si**, indicando que o sujeito se constitui sem cessar, imanente a si mesmo.

Suas considerações irão abordar a questão delicada sobre o sujeito foucaultiano em suas aporias, sujeito que se constitui se constituindo, a fim de buscar liberar o campo do Fora do sujeito como partícipe do processo. Enfim, o que mais interessa aqui é pensar como esse pensamento crítico, que pode restaurar o uso comum, se pauta na *aesthesia*, na via da sensorialidade ativada. Daí a importância do universo por ele denominado clandestino ou genius, que se coloca apartado de si e que constitui o que chama da vida genuinamente política, pois encontramos aí na aesthesia a possibilidade de estar em abertura para esse "comum" como potência do que se coloca para além do sujeito.

Decorrente dos processos de subjetivação contemporâneos, nos constituímos a partir de uma lógica que reduz nossa capacidade crítica, posto que se organiza pela mediocrização do pensamento, pensamento repetitivo do mesmo que busca os referenciais para o conhecimento na clareza dos conceitos laminados, na clareza característica da ordenação colonizadora. Tal processo obtura as aberturas para o acesso ao obscuro em nós, para os paradoxos que nos convidam à vida, que nos convidam ao instável e ao indeterminado expressivo da vida, ao caos criador.

No academicismo que se institui temos como referência a leitura da arte pelo privilégio de um olhar epistemológico, território em que o conhecimento do campo se realiza através de determinantes pautados na lógica racionalizada da consciência e seus organizadores já semiotizados. De modo diverso, porém, ressalto a importância de se colocar em cena para a construção do pensamento crítico, criador da perspectiva ontológica: *o vivo do ser* da experiência, o estado vivido; posto que *no estar vivendo* se conectam forças desestabilizadoras. Um risco que tal estado representa para um pensamento que se constitui pelo traço codificado do conceito. E é, justamente, a experiência estética – que se dá no *estar vivendo do encontro* – o que aqui proponho como agenciamento de múltiplos sentidos, para que novos horizontes existenciais possam emergir. Tais horizontes fomentam o pensamento encarnado, já que este tem a potência de desobstruir as margens impeditivas a novos percursos existenciais.

REFERÊNCIAS

AGAMBEN, Giorgio. **O uso dos corpos**. São Paulo: Boitempo, 2014.

BARROS, Manoel de. **Escritos em verbal de ave.** São Paulo: LeYa, 2011.

BARROS, Manoel de. **Retrato do artista quando coisa**. 4ª ed. Rio de Janeiro: Record, 2004.

BOIS, Yve-Alain. **Lygia Clark:** 100 anos. Rio de Janeiro: Pinakotheke, 2021.

COUTO, Mia. **Estórias abensonhadas**. 4ª ed. São Paulo: Companhia das Letras, 2012.

DELEUZE, Gilles. **Foucault**. São Paulo: Brasiliense, 2005.

DELEUZE, Gilles. **Francis Bacon:** logique de la sensation. Paris: Editions du Seuil, 2002.

GIL, José. **A imagem-nua e as pequenas percepções**. Lisboa: Relógio D'Água, 1996.

GIL, José. **Metamorfoses do corpo**. Lisboa: A Regra Do Jogo, 1980.

CONVERSA

Aline Bernardi: Nossa conversa é transatlântica (Brasil-Angola). Estamos no encontro do pôr do sol com o luar já no céu. Uma alegria receber você, querido amigo, que segue me encantando com a sua construção poética. Para mim, além de um contador de estórias, você é um poeta das imagens, das memórias, em especial daquelas que habitam nossas experiências da infância. Vou me descrever como exercício de acessibilidade e diálogo imagético com as pessoas que possuem baixa visão ou são cegas: sou uma mulher latinoamericana, de pele clara, com os olhos e cabelos castanho-claros. Então, vamos começar essa conversa com uma pergunta que adoro te fazer: Quando é que o escritor dança? Gosto das nossas prosas sobre danças e escritas.

Ondjaki: Aqui já é fim de tarde. Aí ainda é meio da tarde. É difícil me descrever fisicamente, mas vou me descrever do meu jeito. Eu acho que eu sou uma pessoa do gênero ou do sexo masculino, me considero uma pessoa de mistura, fruto de mistura, e o termo para mistura em Angola é mestiço. Tenho um terço do cabelo comprido, o restante está curto; hoje estou (muda todos os dias) com uma, duas, três, quatro, cinco, seis... Estou com sete tranças, minha irmã mais velha quem fez. É porque as tranças se configuram de uma maneira onde se sou eu a fazer elas ficam de um jeito, se for a

ALINE BERNARDI E ONDJAKI

minha irmã mais nova é de outro, e se for a minha irmã mais velha são estas. É muito bom estar aqui, pra gente conversar de uma maneira mais calma. Qual é a pergunta? A primeira de brincar...

A: Ah! A pergunta que eu gosto sempre de lançar a você, a primeira de brincar, é: quando é que o escritor dança? Quando é que essa relação com as palavras na sua busca literária ganha uma sensação interna de estar dançando?

O: Pois é, creio que deverá ter várias danças em momentos diferentes e os escritores lidam com isso de maneira bastante diferente, mas aí quero mesmo dizer *dança* no sentido interno, de como dialogam com as ideias ou com as histórias que estão por vir. Eu, por exemplo, noto que há pessoas que dançam muito na hora de escrever, no momento em que estão fisicamente comprometidas com aquilo. Eu, se tivesse que traduzir em dança os movimentos internos da escrita (o que me parece ser momentos diferentes): uma coisa é estar a ver para escrever, ainda não estás a escrever fisicamente, mas estás a captar os costumes das pessoas, as tendências culturais de cada grupo, e às vezes não é preciso mudar de país para mudar de grupo, e há uma dança muito grande pra mim que é uma pré-dança. A dança da escrita, quando já chegou a hora de escrever, é uma dança até dolorosa, chata fisicamente, não se dorme bem, não se come bem. Tem uma espécie de urgência de escrever e nesse momento em que estás a escrever é preciso um pouco de cuidado para combater essa urgência, pois é preciso canalizar. É como se fosse um rio largo e de repente vai passar por um corredor estreito, e tu dizes: "Bom, ok, é um corredor estreito; que quantidade d'água que eu deixo passar aqui? Não posso apertar, senão não passa água nenhuma, há ali um equilibriozinho né...". A dança é isso. Eu creio que a dança é ir aprendendo como é que dançamos com as palavras, entre palavra, ideia e emoção. Há muitas emoções que aparecem no momento da escrita que são muito estranhas para mim.

A: Emoção. Ah, legal você tocar nessa relação com a emoção. Como se dá essa relação ao deixar a escolha das palavras irem pro papel? Como se dá esse trânsito na sua busca literária? Esse convívio com as emoções e esse momento em que as coisas vão sendo canalizadas, e você vai vivenciando esse trânsito entre escolher e ser escolhido no momento de colocar no papel, no momento da labuta de colocar o gesto da palavra na materialidade do texto?

O: Eu acho que há um conjunto, não só de palavras, mas também de sensações e/ou emoções que uma pessoa normalmente tem mapeado, já sabemos quando elas estão, não é? Quando estás a escrever, ou quando estás a dançar... Vamos voltar ao supor da dança, literalmente na dança: não é que haja uma infinitude de movimentos possíveis, mas, se eu levantar agora para fazer movimentos ou dançar, tenho essas partes: as pontas do corpo, os dedos da mão e tal... As palavras também estão lá mais ou menos, as ideias. O que nós vamos fazer então com a escrita ou com a dança? Novas combinações. É isso, na realidade. Tirando uma ou outra palavra, um ou outro movimento que eu posso fazer e que é absolutamente original no meu corpo, pode acontecer. Suponho que a gente vai dançar não é com a palavra, é com a possibilidade de combinação de palavras. É aí que o García Márquez vai dançar de um modo, Borges vai dançar de outro, a Clarice dançou de outro, a Conceição Evaristo dança de outro, o Gilberto Gil dança de outro, ao escrever, ao cantar, ao dizer... E ainda outra coisa: as mesmas palavras, cantadas pelo Gil ou cantadas pelo Caetano, na combinação parece que muda. Onde é que muda? Respiração, pausa, ritmo. Estamos a falar de emoções? Sim. Porque as emoções estão incluídas nesse ritmo, nessa pausa, nessa sensação. Isso é um mistério muito grande. Então, quando nos perguntam – e é muito normal perguntarem a um escritor – "como é que foi isso?", "de onde é que veio a ideia tal?", "quanto tempo demorou para escrever um livro?", eu digo sempre a verdade. Qualquer resposta vai ser mentira. E vai ser uma mentira hoje e será outra mentira amanhã. E não é mentira no sentido de que eu quero mentir. É mentira no sentido de que eu não posso descrever com exatidão o que se passa no mundo interior da dança. É como quando a gente estuda o átomo e o outro e o outro... Mas quando eles começam a dançar ou entram em movimento ou se atritam com o calor, já não é possível descrever.

A: A gente estava até falando esses dias no laboratório [práticas do Lab Corpo Palavra] da relação com a descrição como um gesto praticamente impossível de ser alcançado na sua minúcia. A tentativa de descrever o que vivenciamos, enquanto corpo que é atravessado pelas modulações de intensidades, é arriscada e escorregadia. E aí eu tenho pensado muito que a gente não faz descrição, a gente faz transdução. Algo na ordem de deixar essa experiência de atravessamento fazer essa transição para alguma expressão que se aproxime daquilo que esteja sendo vivenciado. A experiência intensiva de um afeto sendo transduzida para o corpo de uma dança cênica, ou o corpo numa videodança, ou um corpo-texto literário. Então, queria ouvir você falando um pouquinho sobre a sua experiência com essa perspectiva de transdução.

O: Gosto, gostei da ideia. Tenho que absorver, tenho que pensar. Mas gosto da ideia, sim, indução trans, trans-tudo. Mesmo que fosse no plano físico, aquilo que apresentamos ao outro são possibilidades e/ou janelas. Eu não posso te dizer como é que tu vais olhar para a janela, ou como deves colocar o braço na janela ou se tu deves pendurar-se na janela. Eu acho que a gente apresenta a janela e diz "olha, eu vi uma janela aqui", e o outro diz "não, isso para mim não é janela". Ok. Ou é janela, mas o que eu vejo é diferente. Há ainda na modernidade (tu trabalha com isso mais do que outras pessoas que eu conheço) um lugar do corpo/sensação, do corpo/linguagem, que ainda está por costurar, está por ser explorado. As outras linguagens em relação aos adultos, em relação ao que o mundo ensina às crianças está muito definida, não é? A matemática, como é que se conduz um carro etc... Agora, a linguagem intuitiva, o trabalho com as sensações, o aproveitamento da relação entre sensação e comportamento social, a inteligência emocional, o respeito pelas variações emocionais; por exemplo, das crianças na escola: não é possível só dizer "porta-te bem", "comporte-se bem", "não grite", mas sem entender o que é que se passa com a criança naquele dia. É claro que nós adultos disfarçamos melhor. Se eu tiver uma reunião e não estiver bem, a minha dança é fingir que estou bem e vou à reunião. A da criança às vezes não é essa [e talvez seja]: "Eu não estou bem e não vou mesmo estar bem e nem vou deixar ninguém aqui estar bem até me perguntarem o que é que eu tenho", não é? É uma outra dança, mas que por um lado, se pensarmos (e muitas vezes eu penso), eles estão a respeitar mais a sua dança interior do que nós ao disfarçar, ao fingirmos, ao não dizermos. Claro que são condicionantes diferentes. Eu ia até te perguntar outra coisa. Como é que é essa transdução? Ela é intencional? Como ela se processa? O que é que tu achas?

A: Eu acho que a intenção atua numa perspectiva da experiência do conduzir e ser conduzida pelas coisas, pelos atravessamentos das coisas que vamos vivenciando, de que não é só num sentido de que eu escolho ou eu conduzo ou eu direciono. Eu venho me interessando muito pelos estudos da atenção. A atenção como uma musculatura que se modula, e a gente pode exercitá-la de maneira múltipla. Acredito que as artes são um campo, um espaço, um ambiente de experimentação dessa múltipla sensorialidade das atenções, e que o jogo com as atenções é um jogo muito dinâmico, no qual ora a gente pode conseguir direcionar alguns vetores, ora somos lançadas na direção de vários vetores, também. É nesse cruzamento de vetores das atitudes atencionais que acontece a transdução; entre escolhermos a direção de um movimento no espaço (no caso da dança) ou de uma palavra em um texto (como na literatura), e simultaneamente sermos conduzidas para direções inesperadas, previamente não definidas. Tem uma perspectiva da dança que eu gosto muito, que é assim: todas as danças já estão no espaço e é nele que se dão as combinações de como que o corpo vai se conectar a essas linhas e moldar uma dança que vai ganhar uma visibilidade. E essa visibilidade não é só pelo que o olho vê, mas é uma visibilidade sensória, uma experiência desse campo das sensações.

O: Mas muita gente abandona o campo das sensações, né? Acho que são [escolhas de] prioridades. Tem a maneira como fomos educados ou como se dá culturalmente a valorização desse campo das sensações. Eu acho que isso tem que ser conhecido, trabalhado. Mas por que não é trazido para o lado da escola oficial? Isso que tu estás a dizer implica muita coisa. Os ritmos. Não é só o ritmo do corpo e das danças, o ritmo do ensino. Já há países onde estão a abolir os horários, onde estão a abolir a maneira de avaliar as crianças, e a gente pergunta: "O que isso tem a ver?". Tem a ver que vai mudar o ritmo interno, não só da criança, como dos pais, mas vai também alterar a experiência de aprendizagem, o ritmo vai ser outro. Não estou a dizer que a criança diz: "Ah, eu hoje não quero estudar nada e amanhã também não", e passa nove meses... Não é possível. Assim não vais aprender nada, mas é possível negociar o ritmo, sobretudo com a turma. Quem são os outros colegas? Quem é que está ali? Uma turma que tem alunos do ensino especial, que são alunos que têm algum tipo de característica mental ou física que os diferem dos demais, essa turma tem uma dinâmica diferente de uma turma que não tenha um aluno nessas condições. E outra coisa é que a escola pode também moldar a relação de responsabilidade que os pais têm em casa com as crianças. Eu acho isso bonito, sim. Trazermos para a educação outros aspectos que não simplesmente a matemática, a língua portuguesa e a física. Por exemplo, a importância da filosofia na infância, o exercício de debater a filosofia e a importância de debater fenômenos físicos, trazer para a sala e ver como a criança está a captar aquilo, e ver quais são as propostas das crianças. Eu acho que isso também se constitui como uma dança, embora já estejamos falando de uma dança mais social.

A: Sim! E acho que é isso mesmo, como vai tecendo com a educação, como vai tecendo com os modos de aprendizagem essa maneira de refletirmos sobre o nosso estar, sobre o modo de criar presença. Acho que tem a ver com a aprendizagem de criar presenças nos corpos, a presença do estar vivo que não é a presença que só aceita o que está posto, o que está preestabelecido enquanto norma. É uma presença que se tensiona com o chão que a gente pisa constantemente, e que o percebe como um bom gerador de conflitos e de convivência coletiva.

O: E os que não podem ou não gostam de dançar, como é que tu lidas com isso?

A: Mas aí depende de que dança você está falando... A gente está dançando o tempo todo. Eu tenho a perspectiva da dança como uma construção de presença no mundo. É claro que a dança pode ser uma linguagem cênica, mas a dança, antes de ser uma construção artística, ela é a nossa presença no mundo, ela é a maneira como a gente convive com o nosso corpo e modula a nossa presença. Então essa é a perspectiva de dança como chão/suporte para gerar outras possibilidades. Mas, fazendo agora esse link com a dança como uma linguagem da cena, quero propor falarmos sobre poéticas. O que é a construção poética para você, dentro da literatura? Como se dá isso enquanto linguagem? Como se cria uma linguagem dentro da construção literária?

O: Sim. Aí eu iria para uma resposta que se constitui como um processo ainda aberto, não tenho uma resposta fechada para isso, obviamente. Mas eu creio que por mais das vezes, no meu caso, há uma negociação entre uma linguagem que eu procuro, que eu busco, que eu estou a tentar desenvolver, seja para um projeto ou seja para todo o projeto literário, mas essa linguagem não pode ser ela a prevalecer. Ela encontra algumas pré-linguagens/pré-danças, que estão a flutuar e que a gente acessa ou não acessa. Eu não entendo a poesia como arte absolutamente mágica, por exemplo: "Eu não sei como que caiu aqui, agora, eu escrevi esse poema"... Não. Eu acho que é muito mais uma negociação de forças e de energias do que propriamente, no meu caso, uma decisão. E por que é que eu estou a dizer isso, "no meu caso"? Porque quando eu ouço algumas pessoas, escritores e escritoras, pensadores dizerem: "Não, eu escrevo o que eu quero, quando eu quero. Eu que controlo, eu sento ali, escrevo e já está", eu fico assim a desconfiar, sinceramente, que a pessoa está enganada, ou que a pessoa está a mentir. Pode estar a mentir não deliberadamente, não é? O livro, a dança, o amor, a relação humana com os outros não são um supermercado, uma estante com 10 produtos e eu escolho que produto vou levar em função do dinheiro que tenho. Não. Não é isso. Não se trata de uma negociação tão direta. Muito pelo contrário. Há infinitas combinações, algumas das quais (e é isso que me chama muito a atenção sempre, na chamada contemporaneidade) não estão sabidas. Ainda não sabemos tudo sobre a emoção. Uma coisa que me angustia, às vezes, quando dizem que só usamos uma porcentagem do cérebro; não sei, nesse momento, qual é a porcentagem que dizem que usamos, se é 10%... Eu não consigo na minha cabeça conceber isso. Se alguém disser: "Nós só usamos 50% do cérebro", como é que nós fomos capazes de calcular isso? Se só usamos 50%, como é que sabes qual é o 100%? Não consigo. É a mesma ideia do norte, a ideia de Deus... Qualquer pessoa que diga "é assim" ou "não é assim", teria que ter um conhecimento absoluto sobre isso, não é? E eu acho que há um meio termo disso tudo, que é a aceitação de que estamos aqui, e vamos ver para onde as danças nos levam. Eu acho que se ajustam as linguagens ao que queremos dizer, obviamente. Às vezes começa por aí. E o corpo sabe. Às vezes o corpo sabe.

A: Acho que você está falando de uma coisa que eu também tenho muito desejo de investigar, que é a relação com o desconhecido. Como manter o corpo poroso ao desconhecido, e um corpo que amplia sua escuta para perceber os atravessamentos das forças da intensidade? Na dança, trabalho muito com a improvisação. A improvisação pode ser compreendida/lida como um espaço para se fazer qualquer coisa. E não é! Ela é um espaço de porosidade bem grande em relação às possibilidades que o corpo tem de experimentar com o espaço, com o tempo, com as sensações, com as intensidades, mas é também um espaço de lapidar o contorno. Tem muito a ver com a imagem do rio que você trouxe, um rio que vai jorrando e a necessidade de criar as margens. Na dança, o corpo intensivo trabalha múltiplas qualidades de movimento, e a pergunta é: como que a gente vai criando um contorno dessa escultura dinâmica? É uma escultura em constante movimento. É claro que as paragens também fazem parte das escolhas, do escolher e ser escolhida nessa relação espaço-tempo. Mas como é que vamos abrindo uma porosidade e uma escuta para se relacionar com o desconhecido? Estou em consonância com essa sua percepção, de que é um espaço infinito. É um espaço do universo que a gente não alcança, é um espaço cósmico, no sentido de que a gente não tem a capacidade de tocar. Tocar e desenhar o que existe enquanto a existência ganha diálogo com esse espaço cósmico. Como é que a gente vai se fazendo corpo? Porque tem uma materialidade corpórea para se relacionar. Então, eu fico num imaginário de que a materialidade da literatura é muito a relação desse corpo das palavras. Enquanto a materialidade da dança tem a tendência de ser o corpo físico e as modulações das sensações, da intensidade nessa relação com o espaço; a materialidade da literatura é a letra, a palavra. E como é que é isso enquanto gesto, nesse processo de escuta com o não saber?

O: Há uma outra materialidade, para usar o termo que tu usaste, que é muito interessante no resultado da escrita, que é quando terminas o texto: seja uma página, seja um diálogo, às vezes há um pressentimento de para qual direção eu vou. Então eu estou a escrever um diálogo, uma página, um conto, um poema e pressinto: "Eu acho que esse poema está por ali, vai terminar naquela zona"; ou é um poema mais triste, ou é uma coisa mais festiva. A primeira vez que você termina (termina-se muitas vezes) de escrever, depois pode editar 57 vezes mais. A primeira vez que terminas, para mim, essa primeira materialização, eu tenho uma relação com ela de um confronto de instinto. É como se quando aquilo está pronto, eu olho e digo: "Está perto do que eu tinha pressentido? Está muito pior do que eu tinha pressentido? Está muito melhor do que eu havia pressentido?" É óbvio que eu prefiro o último, prefiro que esteja muito melhor de tudo, é aí que está a surpresa. Eu não concebi aquele resultado. Eu sabia de alguns elementos do começo, eu sabia que o conto tinha uma igreja, que tinha chuva e que tinha um homem que chegava de madrugada de manhã cedo e que encontrava a porta da igreja fechada. Não podendo entrar na igreja, estando a chover, abriga-se cá afora, e sentas, e espera que a igreja abra. E continua a chover. E só nesse momento, depois de atravessar a noite, depois de chegar ali, é que ele percebe, olhando para a chuva que está a cair torrencialmente, que a chuva não faz barulho. Eu tinha todos os elementos quando escrevi isso, só não tinha o elemento de que a chuva não fazia barulho, e isso melhorou infinitamente a história, porque traz logo uma outra dança. Fui eu que escrevi, mas eu não sabia que a chuva não fazia barulho. Essa é uma das materialidades que eu estou aqui a chamar atenção (materialidades: acompanhando a sua ideia), que não são só as letras, é qualquer coisa de novo nessa dança que tu não sabia. Era um conto que ia ficar por aí, mas depois continuei e apareceu o padre, apareceram outros e saiu um livrinho, que chama *O assobiador*. Mas quando eu comecei, não sabia nada disso, nem da chuva, nem que era um livro. Eu pensei que era um conto. Essa materialidade da surpresa é aquilo que não era, aquilo que não foi controlado, aquilo que eu não previ. Eu tenho imenso prazer em aceitar essa surpresa mesmo quando ela não é boa, vamos dizer literariamente (pois a gente pode ir para um caminho que literariamente não ficou bom). Aí eu celebro, não o literário que não ficou bom (porque não ficou bom), mas ainda assim eu celebro a surpresa. Celebro este arejamento que estavas a falar. Se eu estiver assim: "Não! Eu só quero escrever essa história, eu não admito que a chuva não faça barulho, eu já sei o que eu vou escrever", eu acho que isso é menos... É uma dança mais fechada.

A: Mas o que faz você perseguir algo enquanto esse lugar da insistência? Porque eu percebo muito a construção da poética numa relação de insistência. Perseguir no sentido de durar com a coisa, de vivenciar uma duração. E o que é que dura? Como você percebe? Como você se relaciona com isso que dura e te pede uma insistência e te clama um rigor? Como é que eu vou me implicando no rigor da lapidação de algo que eu vou cartografando como uma experiência que eu quero partilhar no mundo com as pessoas?

O: O rigor da lapidação: é isso! Para essa fase da lapidação me vem outra imagem: a do jardineiro. Imagina quantos tipos de jardineiros, jardineires há. O jardineiro que tomava conta daqueles palácios franceses que até hoje a gente olha de cima e a árvore está lá na régua do esquadro e tem um efeito bonito. Ele tinha esse objetivo, de conseguir fazer um jardim que impressionasse não só o seu marquês, como a senhora princesa, e eventualmente o rei que visitasse ali. Agora um jardineiro que tenha a sua lavrazinha lá fora. Nem digo lavra no sentido de comer, pois quer ter mesmo um jardim estético. Ele não está preocupado se o marquês vem ver, se o rei vem ver, aliás pode ninguém vir ver, pode ser na parte de trás do quintal, então ele tem uma relação diferente com este jardim. E eu creio sobretudo, se for nessas culturas orientais, que ele explora uma relação muito mais da minúcia, do pequeno detalhe, do que dos grandes resultados. Aí já estamos a falar de outro tipo de jardinagem e que um não é mais do que o outro, são jardinagens diferentes. Outro poderá dizer "a minha intervenção na jardinagem é mínima. Eu só faço algum tipo de intervenção para pôr água, para proteger alguma planta e quero que o jardim nasça o mais selvagem possível". Essa lapidação, com essa imagem que eu estou a tentar criar na jardinagem, existe na escrita. Nota-se também, às vezes, quem é o escritor que está à espera da visita e quem é o escritor ou escritora que não está à espera de visita nenhuma. Agora isso realmente cabe a liberdade de cada um e os objetivos de cada um, mas a relação de trabalhar as coisas pequenas, de ir lapidando, de ir cuidando ou da palavra ou do texto, eu creio que faz parte dessa arte que é chamada de literatura. Ainda reservando o direito de cada um fazer como quer, obviamente, mas faz parte do cuidado. Eu não sei como se chama aquela arte japonesa que eles têm de pôr areia no jardim, depois eles vão lá e refazem o jardim, depois eles fazem outra vez, e depois refazem outra vez.. aquilo é um exercício para acalmar também, sabes? O jardim, às vezes, eles fazem com pedrinhas e com areia, acho que é no Japão que eles fazem desenhos e padrões. É claro que aquela arte pode ser lida de muitas maneiras, mas ela obviamente envolve a delicadeza. E não vais chegar lá e varrer a areia de qualquer maneira, não. É ir acalmando a areia, é ir à procura de padrões na areia que são esteticamente daquela pessoa, porque é a mão dele (eu posso gostar ou não dos padrões). E eu acho que a palavra tem isso, sobretudo a poesia. Por isso é que a poesia é dificílima e por isso que na dança da poesia, digamos, é tão importante o que não se diz quanto aquilo que se diz. Há uma espécie de mistério que fica por ser dito que faz parte do poema. O poema não é feito só daquilo que lá está. É sobretudo feito daquilo que se escolheu não estar, não deixar. Havia um poeta angolano (ele é poeta, mas é falecido), chama-se Ruy Duarte de Carvalho, e às vezes eu ponho-me a ler frases dele e pequenos poemas, e eu digo: "Caramba, quanta delicadeza, quanto trabalho". Claro que eu não posso saber se aquilo foi fruto de muito trabalho, ou de muito instinto, ou de muito controle, muita mudança, não é isso. Mas o fato dele ter aprovado o poema daquela maneira implica o cuidado com a minúcia e com a lapidação, não tem outro termo, literariamente é a lapidação. Isso é bonito, não sei se a gente faz esse cuidado com a vida, esse cuidado com os outros, mas normalmente esse cuidado nota-se muito no texto poético, em algumas esculturas e também nas obras – na obra de uma casa quando o pedreiro pinta e acaba uma parede, tu notas o grau de envolvimento que a pessoa teve com a sua arte. Nota-se perfeitamente. Pode-se olhar para o chão, para uma janela. Não se trata de ser caro ou ser barato, trata-se da colocação da janela, dos ruídos da janela. Alguém disse "falta aqui qualquer coisa". Isso é bonito. A marcenaria é uma arte lindíssima, por exemplo. Tu achas que a marcenaria também é uma dança?

A: Acho. Nossa, muito! A agricultura é uma dança lindíssima também.

O: Tem na agricultura uma inteligência do corpo, não é? Por exemplo, quem está com a enxada, para não fazer força nas costas, o movimento, a maneira como pega a enxada... O momento em que largas e relaxas e voltas a contrair... Tem muita inteligência no movimento físico da agricultura.

A: Muita. E isso me interessa, essa tessitura entre gestos cotidianos e gestos extracotidianos são matéria-prima para construção da dança enquanto cena, enquanto esse momento que escolhemos lapidar para partilhar, enquanto uma experiência coletiva de nos abrir a uma percepção da nossa sensação com o corpo, com a nossa capacidade de nos conectarmos com a vida. Como que abrem caminhos de conexão com a vida! Mas isso pode acontecer realmente no trabalho com a terra, no trabalho com a madeira; na obra de uma casa. Isso acontece em múltiplos espaços do cotidiano: do plantio, do cultivo, dessa relação com o germinar sementes, do cuidado com as plantas... Essa tessitura entre vida-arte-vida é algo que me motiva muito a seguir construindo com a arte. E aí eu queria saber de você: quando um livro seu nasce, como ele devolve algo para sua vida? O caminho desse livro no mundo retece a sua vida? De que maneira as construções cotidianas e os processos de subjetivação se entrelaçam com os processos de criação artística?

O: Sim, eu acho que o livro tem dois momentos de grande devolução. Sim, óbvio, na altura em que está pronto, que ele sai, que a pessoa considera pronto, pelo menos está pronto para seguir outro caminho e não ficar só conosco. Mas eu acho que o grande diálogo, o grande momento das devoluções é no momento da escrita. No momento da escrita, o livro traz dificuldades, fantasmas, outras respirações... É um desafio interno muito grande. Por exemplo, os caminhos da literatura por vezes trazem correntes, digo ligações, que tu desconhecias. Eu ouço mais isso agora do que há alguns anos. Já escrevo há algum tempo e houve uma altura em que a escrita para mim era algo de fato mais externo a mim. A literatura era toda ficção, a criar uma história desse-daquele. Passam-se muitos anos, não leio uma história e de repente vou a uma escola, algum lugar e alguém lê um texto meu (que é uma coisa que fazem muito e que a mim me desagrada, mas para quem lê é normal), e o aluno diz: "Ah, eu vou ler para você esse texto seu". E eu digo: "Oh meu Deus, por que é que não lê o texto de outra pessoa para mim? Se é para mim, e eu já escrevi..." E aí, eu comecei a ver o que se passava neste momento. Porque me incomodava que alguém quisesse ler para mim, à frente de outra pessoa, um texto meu... Percebes? E aí, entendi: "Ah, afinal o texto é íntimo. Ele está a pegar uma parte da sua intimidade, está a ler aquilo... Não é íntimo porque conta coisas da minha vida. É íntimo porque saiu de mim, saiu da minha pele, saiu de fenômenos inexplicáveis". E as pessoas acham que é uma homenagem. E eu não percebo isso, chego num lugar e é como se tu agora dissestes: "Eu agora vou ler um capítulo inteiro". Tu estás a ler para quem? Eu já conheço... Não preciso que leiam, porque já passei por esse texto 119 vezes antes dele ser publicado. Mas isso chama a atenção que é preciso pensar: "Incomoda, sente-se vaidoso, sente-se perturbado? O que acontece quando alguém lê um texto teu?". E aí eu prefiro que o texto seja um daqueles que eu não entendo. Tem alguns poemas meus que eu não entendo, que são os que eu prefiro. Os poemas que eu entendo perfeitamente, não vejo interesse neles; gosto mais daqueles que eu tenho mais dificuldade de entender. Mas é uma aprendizagem da intimidade da palavra, e do quanto o texto somos nós. Eu não sabia disso. Eu comecei a aprender isso há relativamente pouco tempo. O texto também somos nós. Não é apenas o texto assinado por mim, é um bocado de mim, mas, ainda assim, não tenho a certeza de que isso seja verdade, mas estou aberto para que seja. Ainda não estou convencido. Não sei se eu respondi a tua pergunta, mas tem pergunta que não dá para responder.

A: Eu gosto muito disso, de você trazer o quanto o texto é parte de nós; revela uma intimidade em nós que pode nos surpreender em sensações agradáveis ou desagradáveis, e vai sendo uma dança também das sensações. Isso me interessa muito para perceber o quanto a palavra, antes de ser um veículo de comunicação, como a gente está usando aqui para conversar e gerar encontros no processo de sociabilização, antes disso ela é carne de/em nós. Ela é uma pele que se estende também do/no nosso corpo. Eu sinto a palavra como uma dobra de nossa carne. Quando eu falo carne, é sobre essa relação com a musculatura da palavra que articula sensorialidades enquanto a mastigamos, trituramos, saboreamos, enfim, manuseamos modos de deixá-la existir entre nós. E me interessam muito esses tensionamentos da relação do corpo com a palavra. Ir trazendo essa vivência da palavra enquanto carne para diluir essa perspectiva de uma palavra que está só colada ao que ela significa, ou seja, a palavra como um espelho de significados. Mas, antes de ela ser significado, ela é carne, é gesto, é traço, é fricção.

O: Sim. Há uma coisa bonita nisso, também: a palavra é simultaneamente de todos e de ninguém. Isto é, eu, ao dizer *casa*, alguém reconhece a casa, mas eu posso estar falando de outra casa. Para mim a palavra casa pode ter outro significado, mas é na relação que eu tenho com essa e com outras palavras que entra o lado carne e o lado íntimo que eu (cada um) tenho (tem) com a palavra. Eu gosto dessa ideia quando a pessoa diz: "Não, mas eu quando digo a palavra tal estou a querer dizer a palavra tal". Eu ouço com muita atenção quando alguém me diz isso, para não partir do pressuposto de que a palavra amarelo é igual para todos, ou a palavra laranja, ou a palavra amor, ou a palavra sexo, ou a palavra liberdade. Há uma relação, e voltamos às combinações infinitas por um lado. Outra coisa que me lembrou do que estavas a dizer é: a palavra é tão corpo e é tão parte de nós no sentido em que queremos dar ou não dar, ficar em silêncio, que por isso é que escandaliza tanto quando encontramos uma pessoa ou um grupo de pessoas que não têm direito à palavra. Não ter direito à palavra é não ter direito a inscrever a sua palavra. Não é que não tem fala, às vezes fala, mas não acontece nada. Às vezes grita e não consegue se defender. Às vezes pede ajuda e não aparece ninguém. Esse ser humano: estão a pô-lo normalmente num local em que ele não deveria estar, que é anular a palavra dele. Ou seja, ele está a gritar pensando que está a dizer uma coisa e os outros, intencionalmente ou por questões sociais, fazem aquilo não levar a lugar nenhum. Essa pessoa está silenciada, ou um grupo de pessoas. Isso é uma coisa que faz-me pensar: palavra acaba por ser corpo, é uma expressão também, suportamos a forma do outro se expressar. Como é que o outro vai pedir auxílio? Como é que o outro vai se comunicar? Como é que o outro vai cumprimentar? Acho bonito a ideia, sim, do corpo da palavra. Bem, o Manoel de Barros tinha umas ideias em relação à palavra ser corpo e o corpo da palavra. Há uma específica que ele fala do corpo da palavra bunda -- posso estar a confundir --, mas eu tenho ideia de que Manoel de Barros fala do corpo da palavra bunda, mas tem também o corpo da palavra liberdade, o corpo da palavra amor, o corpo da palavra outro. Quem é o outro? Quem são os outros? É muito bonito o território da palavra. Como se chama o nosso tradutor?

[Ondjaki se refere ao tradutor de Libras, língua de sinais, que atuou na conversa ao vivo, a qual é a referência para essa conversa em texto escrito.]

A: Atanael.

O: Atanael? Eu fico a pensar como é que ele está a traduzir a tua língua portuguesa. Você tem uma língua portuguesa muito especificada, cheia de atravessamentos, arejamento, incorporamento, seus alinementos, bernardimentos... Eu não sei como que ele está fazendo. É corajoso, corajoso.

A: [risos] E é linda a gestualidade dele.

O: Estou a ver. É uma dança muito fluida.

A: Muito. Eu fico às vezes só olhando para o Atanael compondo imagens e texturas, enquanto eu te escuto.

O: Já fizeste dança a partir dessas partículas de comunicação da linguagem gestual?

A: Não, não. Eu não sou introduzida nessa linguagem de Libras.

O: Mas poderia ser influenciada mesmo sem ser introduzida, pode ser influenciada, né?

A: É um universo [respiração]. A gente juntou fios e fios, foi se desdobrando e fiquei muito movida de você trazer também essa relação da palavra que não ganha corpo de escuta na sociedade, a palavra que é esquecida, a palavra que é apagada. Adoraria conversar mais sobre isso, mas ficarei em ressonância silenciosa e com a corpa preenchida de muitas emoções para a gente seguir tecendo essas conversas. E para fechar nosso encontro, queria te pedir para ler um poema de alguém – não estou pedindo para leres um poema seu. [risos].

O: [risos]. Eu, hoje, por acaso, fui a falar com uns alunos e tinha aqui um livro, que anda sempre aqui perto, que é o livro do Ruy Duarte de Carvalho, a obra reunida da poesia do Ruy. Eu posso garantir que nessas 440 e tantas páginas, tenho quase certeza que a gente pode fazer assim, abrir e encontrar uma coisa qualquer, e lá está, e é, e olha o Ruy a falar contigo, posso?

[enquanto Ondjaki fala, manuseia as folhas do livro e vai abrindo aleatoriamente em uma página.]

"Naquele ano a chuva choveu tanto que a memória perdeu todo o sentido. As gargantas entupiram-se de limos e as testas que os velhos pousavam nas mãos fundiam-se aos dedos e os braços às pernas e os gestos de graça fundiam os corpos e as jovens crianças ficavam coladas ao peito das mães. Só as bocas teimavam em manter-se abertas e quando mais tarde a chuva parou, das bocas saíram grossas aves negras que abalaram logo daquelas paragens. E a seca voltou e o mundo secou. A carne antiga a dar-se agora em terra, os fósseis em pedra e as ramas em húmus. E os passos poliram pouco a pouco as formas. Naquele ano a chuva choveu tanto que a memória nunca mais teve sentido."

Chama-se "Final", esse texto. Por acaso é um texto conhecido dele. Quando ele diz "Naquele ano choveu tanto", a gente já se lembra do Ruy.

3.

o que escapa através dos poros? entregue o peso do corpo no chão e conviva em proximidade com esta pergunta. demore-se com a pergunta e tenha por perto uma folha de papel ou um caderno e canetas coloridas. role e deslize o corpo pelo chão, encontrando outros apoios para entregar o peso. o que escapa dos poros pode ser impresso no papel?

PRÁTICA DE

escreva em fluxo contínuo
o que estiver orbitando
no espaço e que você possa
captar. experimente não pausar
o movimento para escrever.

DANÇADA

siga rolando e deslizando o corpo
pelo chão enquanto a liberação da
escrita acontece. a escrita, antes de
ser um conjunto de letras ordenadas,
pode ser o que?

ESCRITA

POR QUE ESCREVO CARTAS?

Aline Bernardi

As cartas são espaços onde os afetos se sobrepõem, as camadas se desabrocham, a poesia pode emergir despretensiosamente, os assuntos se mesclam. As cartas são lugares de interseção entre conhecimentos orais e letrados, de modo que criação e pesquisa possam andar de mãos dadas. Por isso, escolhi escrever a dissertação de mestrado em um formato que reunisse um conjunto de 22 cartas. Nomeada "Lab Corpo Palavra: correspondências moébidicas entre poéticas cartográficas" e defendida através do PPGDan/UFRJ[1], busco traçar as tramas éticas, estéticas e políticas da abordagem artístico-pedagógica que vem sendo o Lab Corpo Palavra (Lab) nos últimos oito anos. A versão impressa da dissertação teve um processo de interferências artesanais, com diferentes texturas de papéis, colagens, costuras, fotos, bilhetes, cheiros, desenhos, tracejados, rasuras como "princípios assentes nas dimensões do inacabamento e da imprevisibilidade, vindo a produzir efeitos de encantamento" (SIMAS e RUFINO, 2018, p. 25).

FIGURA 1. DEFESA ONLINE DA DISSERTAÇÃO LAB CORPO PALAVRA: CORRESPONDÊNCIAS MOÉBIDICAS ENTRE POÉTICAS CARTOGRÁFICAS

O Lab vem se dedicando a ser um ambiente de experimentação das escritas dançadas, sensórias e performativas em uma perspectiva cartográfica. Escritas que deixam o verbo brotar da experiência com o campo das sensações, grafias que expressam o que oralmente o corpo fala em sua existência. As cartas incitam a força pulsional do corpo, instaurando uma narrativa poética de transversalidade temporal e espacial; permitem um hibridismo

1 Programa de Pós-Graduação em Dança da Universidade Federal do Rio de Janeiro. Integrei a primeira turma do mestrado em dança deste programa.

desierarquizado das proposições artísticas e pedagógicas, fazendo com que as encruzilhadas aconteçam enquanto inauguração fecunda de encontros plurais e heterogêneos, tanto ontológica quanto epistemologicamente.

Não por acaso sabemos que pouco se escreve, ainda, sobre a experiência do conhecimento por meio do corpo, das sensações. Falar sobre o corpo se tornou mais um assunto que prolifera no mesmo registro da transcendência e da lógica dos poderes, na disputa entre saberes que caracterizam os dias de hoje, também, na academia. Porém, a escrita sobre as experiências vividas no corpo enquanto força imanente na corporeidade insiste em sua presença em alguns escritos, que buscam produzir conotações sensórias em seus textos. A intenção é buscar abrir o corpo para seus excessos liberando o corpo empírico, corpo orgânico, na direção do corpo imutável, capaz de sair do registro da trivialidade capturada pelas formas cristalizadoras que insistem em moldá-lo e representá-lo (BORGES, 2019, p. 83).

Na dissertação de mestrado, as cartas escritas tiveram 22 destinatárias(os) escolhidas(os) com precisão e rigor, mas algumas pessoas às quais desejo escrever e com as quais quero dialogar ficaram de fora, e por isso seguirei escrevendo cartas, tanto para quem já escrevi, continuando assim a conversa, quanto para quem ainda não escrevi. As 22 pessoas que compõem a dissertação são: Lígia Tourinho, que foi minha orientadora no mestrado; e mais sete cartas em cada capítulo. No capítulo I, reuni pessoas que me ajudaram a criar os fundamentos éticos-políticos-estéticos do Lab Corpo Palavra: Virgínia Kastrup, Suely Rolnik, minha mãe Glória Maria Bernardi, Katya Gualter, Maria Ignez Calfa e Hélia Borges, sendo que as duas últimas integraram as bancas de qualificação e defesa; neste capítulo também incluí uma carta às leitoras e aos leitores. No capítulo II, fiz cartas para quem me ajudou a lapidar os princípios metodológicos da prática laboratorial: integrantes do Lab, Maria Alice Poppe, Soraya Jorge, Angel Vianna, Steve Paxton e Lisa Nelson, Ciane Fernandes e os invisíveis, que no meu entender são os pressentimentos e os acasos sincrônicos. E, no capítulo III, trago cartas aos artistas/pensadoras(es) que me inspiram na criação das poéticas relacionais, cartográficas e performativas: uma carta direcionada à equipe de artistas do projeto Decopulagem[2], Lygia Clark, Clarice Lispector, Ondjaki, Manoel de Barros, Sandra Benites e Ailton Krenak. O terceiro capítulo da dissertação é todo dedicado às encruzilhadas poéticas que vêm me interessando investigar: as manualidades, as tessituras e texturas, o hibridismo de linguagens artísticas, as andarilhagens do viver engravidando a arte de nossos depoimentos existenciais e compondo as grafias de nossas presenças vibráteis.

Por que escrever cartas? Busco nas cartas um canal para a criação de poéticas, pois as cartas são generosas em sua capacidade de gestar e criar afetos, de modo que a temporalidade é guiada pelo atravessamento de forças intensivas, agenciando a experiência de sensorialidade no/do corpo. As cartas deixam vazar o que desliza pelos interstícios das vísceras, o que pulsa na polifonia rítmica de um corpo que se faz vivo e, portanto, vulnerável, suscetível às aberturas infinitas e desassossegantes do que em nós é sensível, do que no corpo floresce como sensação, sentimento, imagem, movimento, pensamento.

Essa escrita que escapa das formas fixas, que desvia da captura representativa, que perfura o *cogito*[3] cartesiano, que borra regras de formatos enrijecidos, é uma escrita que se deixa atravessar pela mudança respiratória, pelas dores da condição existencial, pelas cicatrizes acumuladas na vida. As cartas abrem múltiplas rotas de saberes e fazem convergir uma infinitude expressiva de grafias. Nas cartas cabem músicas, poemas, confissões, manifestos, reivindicações, declarações, segredos, pressentimentos, memórias; ou seja, a palavra escrita em cartas é poética e performativa, por atuar feito

> sopro, hálito, dicção e acontecimento, a palavra proferida grafa-se na performance do corpo, portal da sabedoria. Como índice do conhecimento, a palavra não se petrifica num depósito ou arquivo estático, mas é, essencialmente, kinesis, movimento

2 Livro-performance lançado pela autora em 2019, juntamente com um espetáculo solo.

3 "Justamente, tendo em conta que o movimento, a perturbação contínua de um corpo vivo, desestabiliza o sujeito sedentário do conhecimento orientado pelo *cogito* cartesiano em busca da segurança da verdade, da medida e do fundamento" (BORGES, 2019, p. 21).

> dinâmico, e carece de uma escuta atenciosa (MARTINS, 2003, p. 67).
>
> Poesia é tempo. Tempo como ritornelo, disperso em uma espacialidade rítmica. (...) o discurso poético pressupõe recorrências, ressonâncias, voltas, regimes de ciclos, procedimentos de retornos, simultaneidade de vários tempos e sua reversibilidade (MARTINS, 2021, p. 30).

Muitos artistas, em diferentes territórios culturais, se utilizaram e se utilizam da carta para deixar vazar seus afetos enquanto expressam seus propósitos artísticos e seus posicionamentos ético-políticos. Por vezes, artistas escreveram cartas às(ès/aos) parceiras(es/os) contemporâneas(os), como a exemplo do livro de correspondências entre Hélio Oiticica e Lygia Clark, que revela muitas intensidades dessa amizade, feitas no período de 1964-1974, quando Hélio seguiu morando no Brasil e Lygia estava em Paris. Em 1968, numa das cartas, Lygia escreve que "a vida é sempre para mim o fenômeno mais importante e esse processo quando se faz e aparece é que justifica qualquer ato de criar, pois de há muito a obra para mim é cada vez menos importante e o recriar-se através dela é que é o essencial" (CLARK, 1998, p. 56). Outras vezes, artistas-pensadoras(es) se utilizaram das cartas para conversarem com pensadoras(es) de outra época, como é o caso do livro que reúne *Cartas a Spinoza* cuja remetente é a Dra. Nise da Silveira[4], que finaliza uma de suas correspondências assim:

> Estou muito longe da pretensão de entreter uma conversa com você sobre o bem e o mal. Escrevo-lhe cartas despretensiosas, de coração aberto, correndo o risco de incorrer em muitos erros.
>
> Para você o bem e o mal não têm existência. São meras imaginações que dependem daquilo que nos

4 Médica psiquiatra brasileira, mundialmente reconhecida por sua contribuição nos estudos e tratamentos em saúde mental.

> traz alegria ou tristeza, recompensas ou castigos. Minha experiência é outra. O bem é difícil de ser visto por nós, tal a volatilidade e as circunvoluções estranhas que traça para tocar-nos como uma asa levíssima. Nunca conseguimos saber de onde voa. Mas o mal, caro amigo, digo-lhe que já vi o mal concretamente. Já o vi como dura matéria que houvesse passado por muitas destilações até ficar depurado de quaisquer outros elementos que o atentassem. Foi no fundo dos olhos de alguns humanos que vi o mal faiscar (SILVEIRA, 2020, p. 67).

A carta enquanto escrita traz muito dessa vida que escorre na pele, dessa fala que entoa ritmos de um corpo que está vivo. Uma poética encharcada de posicionamento ético e político, que expressa a experiência vivida. Quero, aqui, seguir conversando com Lygia Clark e abrir conversa com Hélio Oiticica, a partir da interação com trechos desse livro de cartas entre esses artistas brasileiros que são fundantes de nossa arte. Proporei um entrelaçamento dessas cartas que escreverei com fragmentos das cartas escritas por eles. Quando Lygia fez a passagem, eu tinha 4 anos de idade; quando o Hélio faleceu, eu nem havia nascido. Mais um motivo para escrever cartas: uma maneira de conversar com essas pessoas que tanto contribuem com a musculatura ético-estética-política que vou encarnando dia a dia.

> Estico até à seda
> o fio das palavras
> as palavras são como os olhos
> das mulheres
> fios de pérolas ligadas pelos nós da vida
> (TAVARES, 2011, p. 244)

Rio de Janeiro, Laranjeiras, 08 de setembro de 2022

Estimada Lygia Clark,

Abro essa carta com o desejo de seguir dialogando contigo sobre as poéticas relacionais que tanto aparecem em seu fazer artístico-existencial. Na carta que fiz a você no ano passado, nomeei alguns de seus *Objetos Relacionais* que me inspiraram a conceber o *Decopulagem*[5], um livro-performance que lancei em 2019, e a performance itinerante *Corpo ambiente*[6], criação de 2015. Em especial, falei o quanto o *Caminhando* segue nos arrebatando e convocando às muitas torções necessárias das experiências de *vazio-pleno*, como você bem nomeia. Teci essa primeira carta em diálogo com o que Rolnik (2018) elabora das Micropolíticas Ativa e Reativa a partir de sua obra *Caminhando*, constatando que

> segue extremamente insurgente combater o esvaziamento da vitalidade como fruto da primazia das ações a partir do viés dicotômico formulado pelo sujeito(a/e) da razão consolidado no iluminismo, sujeito que opera a corporeidade adormecida pela racionalidade, corpo(a/e) que nega o acesso ao *vazio-pleno* da existência. O seu trabalho, portanto, deixa escoar os fluxos para reciclar a pulsação da vida. *Caminhando* nos oferece a encruzilhada constante na relação com o desejo: a escolha pelo gesto de cortar como reprodução infinita de uma forma já pré-determinada e estagnada; ou a escolha em fazer o corte como uma processualidade infindável das diferenciações dos caminhos percorridos (BERNARDI, 2021, p. 204).

5 https://www.youtube.com/c/AlineBernardi/playlists: nesse link há uma playlist chamada Decopulagem, com vários vídeos dos desdobramentos deste livro-performance.

6 https://www.youtube.com/watch?v=dl0tMPI4JdY&t=58s: entrevista sobre a performance *Corpo ambiente, quando foi apresentada no Olha, Imagina, Escuta, Sente, no MAC-Niterói, em 2017.*

Nesta carta de hoje, me debruço a dialogar com as correspondências que você trocou com Hélio Oiticica, entre 1964 e 1968, um período histórico do nosso Brasil marcado por uma política ditatorial e militarizada, que provocou muitas censuras, torturas e perseguições a quem tem uma escolha progressista, que se caracteriza por estar "a favor da vida e não da morte, da equidade e não da injustiça, do direito e não do arbítrio, da convivência com o diferente e não de sua negação, não temos outro caminho senão viver plenamente a nossa opção" (FREIRE, 2000, p. 32). Esse texto de Paulo Freire é parte do seu livro inacabado *Cartas pedagógicas*, que ele estava preparando, em 1997, quando fez a passagem. Me encanta imaginar que Paulo Freire tenha escolhido as cartas como modo de tecer esse último livro, pois acredito que as cartas nos aproximam das(os) nossas(os) leitoras(es), nos põem em contato direto com os nossos posicionamentos políticos, expõem a nossa opção ética perante a vida, fazendo com que tenhamos que "encarná-la, diminuindo assim a distância entre o que dizemos e o que fazemos" (Ibidem).

Tenho muito interesse pela poética das cartas e busco, aqui, expor por que escrevo cartas. Deparo-me com um dizer seu em uma das cartas que você fez ao Hélio, em 1964, que diz: "uma carta é sempre um pedaço da pessoa, e a gente que está longe lê uma, duas, três vezes tal a fome, que é a saudade, que a gente tem dos amigos! Acho que virei até antropófaga... Tenho vontade de *comer* todo mundo que amo" (CLARK, 1998, p. 25). Eu tenho a mesma sensação com o ato de escrever e ler cartas, e acredito que me fiz assim, com esse gosto, muito por uma experiência de infância.

Aos 7 anos me mudei de minha cidade natal, o Rio de Janeiro, para uma cidade no interior do oeste paulista, e fui morar numa fazenda com meu pai e minha mãe. Não conhecia ninguém e fiquei tão distante de minhas amigas(ues/os) e familiares. Eu estava na fase de alfabetização, aprendendo a ler e a escrever, e ao chegar naquela imensidão de espaço novo fiz amizade com um livro chamado *O mundo de Sofia*[7], que é a história de uma menina que conhece a filosofia através de umas cartas que ela começa a receber de modo

7 *O mundo de Sofia* é um romance filosófico de Jostein Gaarder, publicado em 1991.

misterioso. Aprendi então que poderia escrever cartas para minha avó, minha bisavó, minha irmã e amigas(ues/os) que estavam distantes de mim. Até hoje guardo algumas dessas cartas que escrevi neste período de cinco anos que morei no interior de São Paulo.

Nos dias de hoje, com o avanço das tecnologias e a presença ininterrupta da internet e das redes sociais em nosso cotidiano, o gesto de escrever cartas à mão foi ficando esquecido, e muitas vezes é considerado *démodé*, pois passamos a escrever e-mails, mensagens rápidas e picotadas de *WhatsApp*, breves caracteres no *Twitter* comentários sintéticos no *Instagram*. Passamos a nos relacionar muito pouco com a letra cursiva, com as manualidades das escritas, pois a maior parte do tempo estamos escrevendo em computadores, celulares e tablets, ou seja, em teclados. O manuscrito está sendo substituído pelos textos digitados.

Eu estou escrevendo essa carta a você através do teclado do notebook, mas tenho praticado também as cartas manuscritas. Recentemente escrevi um ensaio para a revista *Quarta Parede*[8], onde fiz uma troca de cartas com Flavia Dalla, que assina a curadoria do selo artístico Celeiro Moebius[9], do qual sou diretora artística. Olhe a *Fita de Moebius* sendo chão de criação e base das proposições artísticas e pedagógicas na minha trajetória! Para este ensaio, feito num formato híbrido de troca de cartas e entrevista, nomeado de **Encantografando gestos relacionais entre telas**[10], Flavia e eu trocamos cartas manuscritas e nos enviamos por correio. Uma busca por poetizar a relação com o tempo, por tecer encantamentos através dos afetos que são degustados em outra temporalidade com o gesto de escrever e ler manuscritos: a escolha do papel e sua textura, a cor da caneta ou a mescla de cores, um postal ou uma foto impressa acompanhando a carta, o envelope e

8 https://4parede.com/tag/revista/ - link para a revista *Quarta Parede*.

9 Celeiro Moebius é um selo artístico, espaço coletivo para encontros que dialogam com a perspectiva cartográfica, performativa e sensória do Lab Corpo Palavra. Moebius pois as nossas peles se tocam e se reconhecem enquanto fronteiras móveis, trânsitos múltiplos de fluxos, sensações e imagens, criando convergências híbridas e plurais na via da arte relacional. Um celeiro de nutrição, germinação e abrigo de artesanias, alfaiatarias e andarilhagens poéticas, em escuta rítmica com a trama da vida-arte-vida. Site: https://www.alinebernardi.com/celeiro-moebius; Instagram: @celeiromoebius.

10 https://4parede.com/19-artesanias-digitais-encantografando-gestos-relacionais-entre-telas/ - link de acesso ao ensaio.

o jeito de fechá-lo, o jeito de sentar para escrever manualmente, a liberdade de movimentos ou de mudança da posição do corpo na relação com o papel, o calo no dedo do meio por causa do apoio da caneta ou do lápis, as qualidades de pausa e de acionamentos de fluxos da escrita, o percurso de ida aos correios. Tanta riqueza sensorial na experiência com os manuscritos acaba convocando outras nuances dos afetos. Isso me faz voltar a perceber o quanto o *Caminhando* é revolucionário, por ser

> um convite para tocarmos na experiência estética-sensível da rede infindável e enigmática dos processos de diferenciação e mutabilidade da trama arte-vida. Um papel, uma tesoura e cola: o risco do encontro com esses materiais serem um nada desvitalizante ou uma ativação da vibratilidade do estar viva é a radical e desconcertante proposição que você nos lança. A experimentação de construir um *Anel de Moebius* com esses materiais e cortá-lo em pontos diferentes, deixando o caminho aberto à potência da processualidade inacabada. Um fazer do encontro com a diferenciação de si mesma(o/e) no ato de cortar continuamente a fita moébidica (BERNARDI, 2021, p. 201).

Escrever cartas manuscritas é como caminhar moebidicamente pelas manualidades, permitindo que o ato de criar pensamento esteja entrelaçado com a sensação de desenhar a letra no papel. As cartas possuem uma permeabilidade mais porosa ao aparecimento de um acaso inesperado; ou, ainda, a revelação súbita de um pressentimento, o que pode ser percebido como "uma textura ontológica de forças que não estão visíveis no espectro da forma percebida a olho nu, mas são sensíveis à pele" (Ibidem, p. 176). Ou, ainda, uma via de acesso ao que pode estar momentaneamente desconhecido à percepção; e também uma fricção com as sensações desassossegantes do que, para nós, causa estranheza. Numa das suas cartas sem data ao Hélio você conta dois sonhos que teve, e os vincula a vivências cotidianas no estado de vigília, e constata que "a gente é muito mais inteligente *por dentro* do que por fora" (CLARK, 1998, p. 32). Quando li isso me deparei diretamente com a sensação de tocar um pressentimento. Numa outra carta, também sem data, você compartilhou alguns acasos perceptivos após relatar seu dia de visitas ao Museu do Homem e ao Museu da Guiné, ambos em Paris:

> Se o homem não conseguir uma nova expressão dentro de uma nova ética ele estará perdido. A forma já foi esgotada em todos os sentidos. (...) O que nos resta? Novas estruturas a descobrir. É a carência de nossa época. Estruturas que correspondam absolutamente a novas necessidades de o artista se expressar. (...) O tempo é o novo vetor da expressão do artista. Não o tempo mecânico, é claro, mas o tempo vivência que traz uma estrutura viva em si. Sinceramente eu tenho certeza de que os *Bichos* são isso, sem modéstia e sem exageros (Ibidem, pp. 34-35).

Aqui no Brasil, em plena década de 20 do século XXI, estamos atravessando muitas reformulações da percepção sobre como podemos nos relacionar com o tempo, visto que a globalização, a presença das tecnologias e das redes sociais aumentam nosso desafio. Concordo contigo quando dizes que o tempo é o novo vetor da expressão do artista, fazendo menção a esse tempo vinculado à qualidade do vivenciar as experiências relacionais, seja com outras pessoas, com seres de outras espécies, com os objetos, com os lugares, com o planeta, com o cosmos.

Nesse sentido, apesar do grande retrocesso que estamos tendo a nível macropolítico e da imensa crise da democracia representacional, em especial no período de 2019-2022, vivemos um momento histórico provocativo, excitante, insurgente nos debates étnicos-raciais, nas questões de gênero, nas fricções feministas, nas questões climáticas, nos debates acerca das políticas decoloniais... A ciência e a produção acadêmica em nosso país vêm passando por uma transformação estrutural significativa; ainda há muito a ser feito, mas é esperançoso testemunhar e participar de algumas proposições. Uma das propostas mais animadoras é a *ciência encantada* junto à perspectiva da *epistemologia das macumbas*, trazidas por dois professores-pensadores cariocas, Luiz Antonio Simas e Luiz Rufino, que dizem:

> A fundamentação de uma ciência encantada nos provoca a problematizar as ciências humanas e o conceito de humanidade, assim como foram veiculados ao longo do tempo. Dessa forma, partimos da orientação de que ambas as noções padecem de uma condição de desencantamento, ou seja, de não vitalidade. Os desencantamentos das ciências humanas e da noção de humanidade assentam-se, basicamente, na incapacidade que os modelos alicerçados nos paradigmas do Ocidente europeu têm de não reconhecer outras perspectivas ontológicas, epistemológicas, cosmogônicas e filosóficas produzidas fora do eixo em que ele julga se concentrar (Ocidente europeu como ideologia).
>
> Outro fator é a incapacidade de descentrar a experiência de saber de mundo da figuração da espécie humana como mantenedora, única, desse saber. Para uma epistemologia das macumbas há que se credibilizar as inúmeras formas de experiências, principalmente aquelas não possíveis no colonialismo ocidental, como mantenedoras e produtoras de saber. Pedras de rio, caroços de dendê, plantas, animais, sons, conchas e muitas outras formas são, na relação com o que inventamos da vida, formas de manutenção, produção e orientação de saberes assentados em outras lógicas (SIMAS e RUFINO, 2018, p. 31).

Em 2020 e 2021 tivemos o início e o ápice da pandemia do covid-19, que reconfigurou nosso cotidiano, nos mantendo em isolamento social; e este ano ainda estamos nos adaptando aos encontros presenciais, e lidando com ondas de novas cepas do vírus pandêmico. Durante esse período, a sabedoria cosmológica dos povos originários nos trouxe a noção da responsabilidade humana diante desta crise sanitária e de saúde pública, e também tem sido uma reorientação epistemológica para a possibilidade de reconstituir a nossa condição de viventes neste planeta.

Ailton Krenak é uma das lideranças indígenas e uma das principais vozes que vêm ancorando o porvir de um outro tempo de nossa existência enquanto humanidade. Em 2019, ele nos oferece um livro chamado *Ideias para adiar o fim do mundo*; em 2020 ele lança o segundo livro, com a instigante provocação de que *A vida não é útil*; e este ano já estou ansiosa para ler o terceiro livro, que é o *Futuro ancestral*. São palavras que reúnem uma força inaugural e ancestral da germinação de uma outra noção de humanidade, com base na cosmovisão dos povos originários – que, mesmo sofrendo ataques, perseguições, genocídio por parte de condutas políticas e éticas pautadas no colonialismo, conseguem atravessar os séculos e propor uma ética de regeneração da vida.

> Foi impressionante, durante a pandemia, como aceitamos a convocatória para ficar em casa e fazer o distanciamento social. Salvo alguns excêntricos, todo mundo que pôde concordou com ela. Ora, se somos capazes de ouvir um comando desses, todos ao mesmo tempo, de permanecermos em casa, por que não seríamos capazes de ouvir o comando de parar de predar o planeta? De parar de destruir os rios e as florestas? (...)
>
> Muita gente afirma que o que nos distingue dos outros seres é a linguagem; o fato de falarmos, termos discernimento e criarmos relações sociais. Ora, se a principal marca dos humanos é se distinguir do resto da vida terrestre, isso nos aproxima mais da ficção científica que defende que os humanos que estão habitando a Terra não são daqui. (...) Somos povos, tribos, constelações de gente espalhados pela terra com diferentes memórias de existência.

> Amigos que trabalham com história da filosofia e da tecnologia me disseram que o desvio dos humanos em seu sentimento de pertencimento à totalidade da vida se deu quando descobriram que podiam se apropriar de uma técnica. Atuar sobre a terra, sobre a água, sobre o fogo, sobre o vento, até sobre as tempestades que antes interpretavam como sendo fruto de um poder sobrenatural. Nas tradições que eu compartilho, não existe poder sobrenatural. Todo poder é natural, e nós participamos dele (KRENAK, 2020, pp., 54;56).

Acredito que você gostaria de ouvir essas vozes que hoje estão nutrindo e conectando pessoas que vibram por uma ética do cuidado, e é esse vetor de tempo ancestral que venho praticando para grafar a existência, buscando cocriar poéticas relacionais que possam contribuir com a reinserção da coletividade de humanos na biosfera de nosso planeta Terra. Escolher cotidianamente ao que se vincular enquanto ancestralidade, exercitando a mudança do padrão vibratório que se expressa no como estamos manifestando nossos atos de criar pensamento. Aproximar nossos modos de pensar aos modos de viver, diminuindo a distância entre o que desejamos e o que fazemos dia a dia com a vida. Sua existência enquanto ancestral da prática artística que me interessa permite que eu me sinta mais forte e me impulsiona a seguir tecendo fios de pertencimento à totalidade da vida, como tão bem convoca Krenak, outra existência ancestral que honro.

com admiração e reconhecimento,
Abraços, Aline

A busca por inaugurar outros modos da humanidade se relacionar com a vida segue sendo um vetor de extrema importância, e a pandemia do covid-19 veio lembrar a essa humanidade que, se não houver um redirecionamento radical de sua ação no/com o mundo, quem será extinta da biosfera é a própria espécie humana. Antonio Nobre, um dos maiores cientistas brasileiros, que estuda o impacto ambiental do desmatamento, em uma conversa com Krenak, realizada através do Ciclo Selvagem[11], nos alertou:

> O que está acontecendo agora é o seguinte: em 2017, a Rússia foi o país que mais desmatou no mundo. Então, estão cortando florestas na Rússia para os chineses fazerem papelão e embalagens de produtos de consumo. O clima da Europa está mudando. Só que lá atrás, há 500 anos, quando os europeus vieram para cá, eles tinham desmatado suas terras de origem sem pagar o preço que o desmatamento implica, que é a desertificação. Aí eles chegaram aqui na América do Sul, e uma parte importante deles chegou na porção Leste da América do Sul, onde estava essa floresta maravilhosa, a Mata Atlântica - um milhão e meio de quilômetros quadrados de Mata Atlântica - e saiu cortando tudo. Diria que mais de 97% da Mata Atlântica desapareceu. E logo no começo, tinha o pau-brasil, que foi levado para fazer tintura na Europa, desmataram tudo. Daí vem o nome desse país também (NOBRE, 2021, p. 05).

A colonização e o capitalismo injetam nas subjetividades uma motivação de vida que é regida pelo consumo, pelo poder de compra que cada pessoa vai ter na sociedade. A competição é o modo operante das relações interpessoais dentro desse regime dominante que nos acopla ao inconsciente colonial-capitalístico (ROLNIK, 2018), e nos faz guerrear com uma das espécies mais generosas de nosso planeta: as plantas. Será que somos capazes de aprender a agir em colaboração com as árvores e, consequentemente, com

11 Para conhecer melhor esse projeto, acessar https://selvagemciclo.com.br/.

a vida? Pois "uma árvore atua no princípio da absoluta generosidade, pois tudo que ela oferece são serviços para todos os outros seres" (Ibidem, p. 04). Acredito que para atuarmos de modo mais colaborativo é necessário 'pensar' em associação com o 'sentir'. A condição sensível de nosso corpo é imprescindível para nosso intelecto agir com mais generosidade e gentileza.

> Efetivamente, a sede do intelecto é a parte mais distante da Terra. Por muito tempo, me debati recebendo um treinamento intelectivo bem objetivo, que é a formação científica. (...) E me debatendo com a origem, com essa conexão que tive com Gaia da infância na Mata Atlântica, vendo aquele modo estéril, pouco emocional, muito cartesiano e racional de ver o mundo, percebi essa desconexão. Comecei a pesquisar o que aconteceu. Por que a ciência tende a ser materialista e reducionista? (...)
>
> Porque, diferente do intelecto que obteve essa capacidade hipertrofiada de pensamento abstrato, que consegue fazer matemática, códigos, e esquecer do próprio corpo, o coração irriga todas as células do corpo. O coração não é só uma bomba, é um órgão cognitivo também. Já se descreveu um tecido de neurônios bastante desenvolvidos no coração. Qualquer pessoa que tem coração sabe que o coração é uma estrutura cognitiva, que tem uma capacidade de compreensão. Diferente do intelecto que funciona como uma faca, que corta a realidade em fatias e pedaços, o coração une. É uma propriedade intrínseca do coração a cognição que conecta, que une (Ibidem, pp. 11;14).

E por que considero tão fundamental experimentarmos o modo de atuação de uma *Fita de Moebius*? Porque através dessa superfície topológica relacional conseguimos perceber que a noção de "dentro" não está descolada, nem dividida ou separada da noção de "fora". O que acontece ao coração, afeta a mente; e o que pensamos, a maneira como criamos pensamento ressoa no que sentimos. Pensar e sentir não age separadamente; nosso corpo é um ecossistema, tal qual todo o nosso planeta. O que acontece conosco, acontece com o ambiente, com a Terra, com o cosmos. Experimentar essa perspectiva de indissociabilidade do dentro-fora que a Fita de Moebius nos oferece permite que a condição sensível de nossa subjetividade se conecte com uma ética de cuidado regenerativa.

O *Caminhando*, de Lygia Clark, é uma proposição de 1963, mas a *Fita de Moebius* aparece em uma outra proposição relacional nomeada de *Diálogos de mão*[12], que Lygia Clark fez com Hélio Oiticica em 1966. A amizade, empatia, parceria e intimidade entre os artistas é revelada em muitos momentos no livro que expõe algumas de suas cartas trocadas. Numa das cartas de 68, Hélio revela a Lygia seu entusiasmo com a realização da Manifestação Ambiental que foi nomeada de *Apocalipopótese*, que aconteceu no Aterro do Flamengo:

> O que quero lhe contar é a Manifestação do Aterro; foi a melhor com o público que já fiz: desta creio que posso tirar um novo sentido para tudo. Chamou-se *Apocalipopótese*, termo inventado por Rogério [Duarte] como um novo conceito desse tipo de objeto mediador "para a participação" ou o que se constrói por ela: eu com as capas, Ligia com "os ovos", Antônio Manuel com as "urnas quentes", que eram caixas fechadas para serem destruídas ou abertas, sempre com algo escrito ou pintado dentro (...) houve aí algo mais importante do que o sentido de happening pelo sentido realmente aberto das experiências (OITICICA, 1998, p. 50).

12 https://www.youtube.com/watch?v=BwR2v1hfd-0: vídeo produzido em 2015 pelo Museu de Arte Moderna do Rio de Janeiro, baseado em uma proposição da artista Lygia Clark, intitulada *Diálogo de mãos*, de 1966, pertencente ao acervo do MAM.

Rio de Janeiro, Laranjeiras, 30 de outubro de 2022

Caro Hélio Oiticica,

Abro essa carta a você num dia histórico pro nosso país: o dia das eleições. Nos últimos seis anos tivemos um retrocesso político, social, cultural e econômico com o avanço da direita ultraconservadora no poder. Estamos nos últimos dias de um desgoverno que, no seu mandato de quatro anos, conseguiu destruir a base de ações erguidas no período da democratização em nosso país. Para você ter ideia, um dos primeiros desserviços desse atual presidente (que está terminando seu mandato) foi acabar com o Ministério da Cultura. Fora o incentivo ao armamento da sociedade civil, o desrespeito total à vida, o desmonte das instituições públicas, o genocídio dos povos originários, a defesa pública de torturadores da ditadura militar e tantas outras atitudes fascistas que incitam racismo, sexismo, misoginia, machismo e preconceitos de todos os tipos. Como Paulo Freire nos diz em seu último texto, que comporia o livro inacabado *Cartas pedagógicas*:

> Não é possível refazer este país, democratizá-lo, humanizá-lo, torná-lo sério, com adolescentes brincando de matar gente, ofendendo a vida, destruindo o sonho, inviabilizando o amor. (...) Desrespeitando os fracos, enganando os incautos, ofendendo a vida, explorando os outros, discriminando o índio, o negro, a mulher não estarei ajudando meus filhos a serem sérios, justos e amorosos da vida e dos outros (FREIRE, 2000, p. 32).

Um livro de trocas de cartas entre você e Lygia Clark chegou até nós através de uma edição feita em 1998. Em uma das cartas que você escreve a Lygia, em 1968, você conta que havia sido convidado por José Celso Martinez[13] para fazer cenários sensoriais de uma peça chamada *Os vampiros*, e que inclusive poderia ser você

13 Conhecido como Zé Celso, é diretor, ator, dramaturgo e encenador brasileiro, fundador do Teatro Oficina Uzyna Uzona. Para saber mais, acessar https://teatroficina.com/.

a fazer um dos vampiros. Você estava vivendo o ápice da ditadura militar e nessa carta compartilha alguns ocorridos:

> Mas o que há é que o terrorismo de direita aqui não está mole: principalmente em relação às produções de José Celso: massacraram os atores de Roda Viva, primeiro em São Paulo, depois em Porto Alegre: destruíram tudo, inclusive atiraram uma das atrizes nua no meio da rua; um dia desses matam alguém. Conclusão, José Celso parou os ensaios de *Galileu* do Brecht, e nem sei se fará *Os vampiros* (OITICICA, 1998, p. 45).

No ano em que você faleceu, 1980, surgiu o PT - Partido dos Trabalhadores, e uma liderança política que se chama Luiz Inácio Lula da Silva. Em 1988 tivemos a Assembleia Constituinte, um marco que instaurou o período democrático em nosso país, conhecido como Nova República. Lula, ex-operário, foi presidente do Brasil no início do século XXI, e seu primeiro mandato começou em 2003, contribuindo com o processo da via democrática e colaborando substancialmente com a diminuição da fome e da miséria de nosso povo brasileiro. Após oito anos de mandato de Lula, tivemos o mandato de Dilma Rousseff, primeira presidenta mulher do Brasil. Quando Dilma se reelegeu, houve um processo de impeachment – que, na verdade, foi um golpe[14] da ultra direita conservadora, que também prendeu o Lula, detido por 580 dias. O conteúdo espalhado através das mídias sociais e a velocidade dos algoritmos contribuíram para esse golpe de 2016 ter grande repercussão. Mas Lula provou sua idoneidade e revelou à sociedade brasileira a ausência de provas das acusações que foram motivos de sua prisão. Te conto tudo isso para que você, onde quer que esteja, possa sentir a importância do dia de hoje em nosso Brasil, pois Lula ganhou novamente as eleições e será, pela terceira vez, nosso presidente a partir de 1º de janeiro de 2023.

14 O documentário *Democracia em vertigem*, de Petra Costa, cartografa o processo democrático até o impeachment de Dilma Rousseff. O trailer oficial está disponível em: https://www.youtube.com/watch?v=vwZ5m10y1rQ.

Eu venho escrevendo cartas como um canal de criação de poéticas relacionais. E também como modo de estabelecer diálogo com pessoas, artistas, pensadoras(es) que me constituem nas minhas escolhas éticas, políticas e estéticas. Você nos deixou um legado de grande valia e vem inspirando muitas(es/os) de nós. Seus *Parangolés* já se tornaram parte de nosso vocabulário cotidiano; e sua atitude ética-política de se afirmar marginal também influenciou um bocado de artistas brasileiras(es/os) em seus posicionamentos. Hoje temos uma repercussão nas danças urbanas, na cultura do rap, da poesia slam que possuem afinidade com sua afirmação do ser marginal: "hoje sou marginal ao marginal, não marginal aspirando à pequena burguesia, o que acontece com a maioria, mas marginal mesmo: à margem de tudo, o que me dá surpreendente liberdade de ação" (Ibidem, p. 44). Fico imaginando como você se relacionaria com as redes sociais se estivesse encarnado neste século XXI.

Nos dias de hoje, um(e/a) artista "marginal" pode buscar se relacionar com seu público através das mídias sociais, o que descaracteriza o monopólio e a influência centralizadora das grandes mídias. Nas redes sociais, cada pessoa pode levar a sua voz e criar o seu "conteúdo" com a exposição de seus questionamentos e posicionamentos éticos-políticos-estéticos. Por mais que isso tenha aspectos positivos, como o fato de descentralizar o poder das grandes mídias de comunicação, de oferecer um canal direto entre o artista e o público, e de proporcionar um espaço democrático para o debate e a exposição de questões das minorias; também há uma armadilha capitalista, que é a captura de nossas subjetividades em prol deste modelo de "produzir conhecimento" e de gerar/conectar modos de se relacionar. O(e/a) artista passa a ser cultuado(e/a) pelo número de seguidores que tenha em seu perfil nas redes sociais, tornando-se um(e/a) produtor(e/a) de conteúdos digitais para manter sua popularidade.

A velocidade com a qual estamos nos vinculando e nos desvinculando de pessoas, ideias, propostas e afetos é assustadora. A capacidade de criarmos e sustentarmos alianças afetivas (KRENAK, 2022) está sendo prejudicada pelo modo fragmentado e ultra veloz que as mídias sociais estão imprimindo em nossas maneiras de nos relacionarmos – e, por consequência, em nosso modo de sentir. O que estou querendo compartilhar com estas percepções – tanto no testemunho deste panorama político que estamos vivenciando em nosso Brasil quanto no depoimento sobre a influência das redes sociais em nosso cotidiano – é um alerta a respeito do quanto nossas subjetividades estão sendo capazes de criar condições sensíveis e afetivas para criar uma outra noção de humanidade e de mundo que não seja esta, profundamente impregnada de hábitos capitalistas e colonizadores.

Quando você se dispunha a escrever uma carta para Lygia Clark, você não tinha um perfil dela no *Instagram* que revelava cotidianamente o que ela havia feito, e nem ela tinha acesso a um perfil seu. Esse aspecto alargava o seu imaginário: tanto de contar o que lhe havia acontecido nos últimos tempos quanto o de querer escutar o que havia acontecido com Lygia. Nossa capacidade de escuta com a vida vem sendo reduzida diante de tanta velocidade e de tanto "conteúdo" que vem sendo expelido pelas pessoas. Por isso, atualmente, estamos nas artes buscando as práticas e as ações que proporcionam ampliar e alargar a escuta com a vida, com as outras pessoas, com os outros seres, com a floresta, com o planeta Terra. Venho buscando me associar às práticas artísticas, pedagógicas e terapêuticas que sejam menos intervencionistas e mais integrativas.

As provocações do seu trabalho seguem contribuindo com a criação de teias relacionais que se façam vivas no encontro, integrando corpos(es/as) e ambientes. Pousarei a escrita desta carta com uma fala de Ailton Krenak, a quem intuo que você adoraria conversar e pensar-com:

> Assim eu escapei das parábolas do sindicato e do partido (quando um pacto começar a cobrar tributo, já perdeu o sentido) e fui experimentar a dança das alianças afetivas, que envolve a mim e uma constelação de pessoas e seres na qual eu desapareço: não preciso mais ser uma entidade política, posso ser só uma pessoa dentro de um fluxo capaz de produzir afetos e sentidos. Só assim é possível conjugar o *mundizar*, esse verbo que expressa a potência de experimentar outros mundos, que se abre para outras cosmovisões e consegue imaginar

> *pluriversos.* Esses termos, usados por Alberto Acosta e outros pensadores andinos, evocam a possibilidade de os mundos se afetarem, de experimentar o encontro com a montanha não como uma abstração, mas como uma dinâmica de afetos em que ela não só é sujeito, como também pode ter a iniciativa e abordar quem quer que seja. Esse outro nós possível desconcerta a centralidade do humano, afinal todas as existências não podem ser a partir do enunciado do antropocentrismo que tudo marca, denomina, categoriza e dispõe (KRENAK, 2022, p. 83).

Abraços integrativos,
Aline

Ao finalizar e compartilhar essas duas cartas, sinto-me preenchida de afetos que me impulsionam a seguir escutando a voz do meu coração, e convidando minha capacidade intelectiva a restabelecer um vínculo afetivo com essa cognição que une e conecta: nosso coração. Convido vocês a escreverem uma carta para alguém que te faça ir nesta direção: a integração cognitiva do intelecto com o coração.

REFERÊNCIAS

BERNARDI, Aline de Oliveira. Lab Corpo Palavra: corpo que escreve corpo e o artista cartógrafo. Monografia. Pós-Graduação *lato sensu* em Preparação Corporal das Artes Cênicas. **Faculdade Angel Vianna**, Rio de Janeiro, 2019.

BERNARDI, Aline de Oliveira. Lab Corpo Palavra: correspondências Moebídicas entre poéticas cartográficas. Dissertação. Pós-Graduação *stricto sensu* em Dança. **Universidade Federal do Rio de Janeiro**, Rio de Janeiro, 2021.

BERNARDI, Aline de Oliveira. **Decopulagem**. Rio de Janeiro: Edição da Autora, 2019.

BERNARDI, Aline de Oliveira. Lab Corpo Palavra: micropolítica ativa nas atividades remotas. In: SILVA, Bárbara Conceição Santos da; BASTOS, Maria Helena Franco de Araujo; TOURINHO, Lígia Losada; ROCHA, Lucas Valentim (org.). **Carnes vivas**: dança, corpo e política (Coleção Quais danças estão por-vir? Trânsitos, poéticas e políticas do corpo, 9). Salvador: ANDA, 2020.

BORGES, Hélia. **Sopros da pele, murmúrio do mundo**. Rio de Janeiro: 7Letras, 2019.

CLARK, Lygia; OITICICA, Hélio. **Cartas**: 1964-74. Rio de Janeiro: UFRJ, 1998.

FREIRE, Paulo. **Pedagogia da indignação, cartas pedagógicas e outros escritos**. São Paulo: Unesp, 2000.

KASTRUP, Virgínia. Cognição Inventiva, Arte e Corpo. **ABRACE** - arte, corpo e pesquisa na cena: cena expandida. Belo Horizonte: O Lutador, 2015.

KRENAK, Ailton. **A vida não é útil**. São Paulo: Companhia das Letras, 2020.

KRENAK, Ailton. **Futuro ancestral**. São Paulo: Companhia das Letras, 2022.

KRENAK, Ailton. **Ideias para adiar o fim do mundo**. São Paulo: Companhia das Letras, 2019.

MARTINS, Leda Maria. Performances da oralitura: corpo, lugar da memória. **Língua e Literatura**: Limites e Fronteiras, n. 26., jun. 2003. Universidade do Estado de Minas Gerais, 2003.

MARTINS, Leda Maria. **Performances do tempo espiralar**: poéticas do corpo-tela. Rio de Janeiro: Cobogó, 2021.

NOBRE, Antonio; KRENAK, Ailton. Nave Gaia. **Cadernos Selvagem** - 19. Rio de Janeiro: Dantes, 2021.

PASSOS, Eduardo; KASTRUP, Virgínia; ESCÓSSIA, Liliana da (org). **Pistas do método da cartografia:** intervenção e produção de subjetividade. Porto Alegre: Sulina, 2009.

ROLNIK, Suely. **Esferas da insurreição**: notas para uma vida não cafetinada. São Paulo: n-1, 2018.

ROLNIK, Suely. Molda-se uma alma contemporânea: o vazio-pleno de Lygia Clark. **Experimental Exercise of Freedom**: Lygia Clark, Gego, Mathias Goeritz, Helio Oiticica and Mira Schendel. Los Angeles: The Museum of Contemporary Art, 1999.

SILVEIRA, Nise da. **Cartas a Spinoza**. Rio de Janeiro: Sociedade Amigos do Museu de Imagens do Inconsciente: Hólos, 2020.

SIMAS, Luiz Antonio; RUFINO, Luiz. **Fogo no mato**: a ciênoia encantada das macumbas. Rio de Janeiro: Mórula, 2018.

TAVARES, Paula. **Amargos como os frutos**: poesia reunida. Rio de Janeiro: Pallas, 2011.

QUEDA: O CORPO E A DANÇA

Maria Alice Poppe

G
R
A
V
I
D
A
D
E

P E S O

C H Ã O

G
R
A
V
I
D
A
D
E

Q
U
E
D
A

CHÃO ——————————————————————

NÃO MAIS UMA BAILARINA LEVE QUE SE ELEVA E FLUTUA,

MAS O PESO COMO MATÉRIA EXPRESSIVA DO MOVIMENTO

PESO ⟷ LEVEZA

pela tensão entre
peso e **leveza,**
indagar o ininterrupto fluxo de ordenações mecânicas
que levam o corpo à sustentação,
à ascensão e à verticalidade

A escrita desse texto revisita aspectos centrais da tese de doutorado "O chamado da queda", defendida em 2018 pelo Programa de Pós-Graduação em Artes Cênicas da UNIRIO. Entre diagramas, aforismos, citações, perguntas e contornos de uma práxis pedagógica em dança, as linhas a seguir coordenam pensamentos advindos da experimentação de uma certa espacialidade da escrita análoga ao movimento dançado que inclui seus desvios, impulsos, deslizes e interrupções. Por sensores do corpo na dança e para além dela, nas bordas da filosofia e da educação somática, os fios e sentidos abordados na tese são aqui reconectados pela tensão entre peso e leveza, na feitura das linhas e das páginas, por onde as bordas sensibilizam o contorno das palavras. O peso, como eixo desta tensão, informa a sua condição paradoxal atribuída ao exercício de ceder e conduzir o corpo que dança essa escrita e a escrita que dança esse texto. Cabe ressaltar o âmbito prático da pesquisa percorrido especialmente ao longo dos últimos dez anos, através do exercício como professora de técnica de dança e bailarina, sobretudo na experiência de dançar em parceria com a coreógrafa e educadora do movimento Angel Vianna. Sob a ótica da dança contemporânea na interface com a filosofia, a queda serve como fio condutor que, para além de seu aspecto físico-gravitacional, se dá pelo que cai — isento de cálculo ou determinação.

A REFLEXÃO SOBRE PESAR DEFLAGRA DISTINTAS FORMAS DE PENSAR A QUEDA

QU
E
DA

... a queda não se refere tão somente ao ato de cair, mas, sobretudo, se dá na acepção de outras sensações e sentidos que possam ser por ela irradiados, para além de seu aspecto físico-gravitacional.

O recorte diz respeito à interface da dança contemporânea com a filosofia no escopo do peso e da gravidade, relacionando o pensamento do peso ao peso do pensamento. A abordagem dessa perspectiva do corpo e do movimento decorre da metodologia de Angel Vianna e, no caso da filosofia e da teoria da dança, de interlocutores como Jean Luc-Nancy, Marie Bardet, Ann Cooper Albright, Paul Virilio e Laurence Louppe.

OS EIXOS DESSA INVESTIGAÇÃO SE VOLTAM À CRIAÇÃO DE UMA PERSPECTIVA CORPORAL QUE CONJECTURE A QUEDA POSITIVAMENTE

Se por um lado, na ontologia tradicional ocidental, queda predominantemente refere-se ao mal, à decadência, ao desprestígio, ao fracasso, à perda, à morte e, também, a velhice e à doença, o que a torna sempre motivo de repulsa, a busca aqui se dirige à positivação da noção de queda. Queda é ruína, fim, como assinalado no dicionário. Na religião católica, a queda está associada a Lúcifer, o anjo caído que, por ascender na tentativa de se igualar a Deus, foi expulso do céu e lançado do paraíso ao inferno. Lúcifer cai e se torna, então, a representação mais emblemática da queda. Como anjo expulso do paraíso, Satã reflete o mal por ter desafiado Deus.

Representante da liberdade e da rebeldia, satã é o símbolo de todas as quedas. A queda é ontologicamente negativa por natureza. Trata-se, então, de um viés político-filosófico-poético-dançado da queda como potência. Cair e pesar, desse modo, não são gestos passivos, mas sim a realização de uma potência.

O sentido deste texto é romper com o aspecto negativo da queda e afirmá-la positivamente, como potência.

afirmar o peso
afirmar a queda
afirmar a gravidade
pela construção da parceria do corpo e da dança com o chão.

Pesar pode demorar.
Pesar plenamente pode demorar muito tempo.

A QUEDA E O PESO VIRAM ASSUNTO, MOTIVO E NÃO ERRO OU LIMITE.
A QUEDA, ENTÃO, TORNA-SE A PRÓPRIA TEMÁTICA EM QUESTÃO.

> A dança contemporânea visa escapar do dualismo corpo/mente ao assumir positivamente o peso do corpo humano. O dançarino já não se movimenta para fora do solo, mas se deixa pender, rolar ou cair nele. A aceitação do peso é um gesto de retorno à terra e à natureza. (FEITOSA, 2004, p. 107)

A hipótese é que o processo de desconstrução (do corpo por técnicas codificadas da dança) inicia justamente pela compreensão do peso, da gravidade (no corpo). Isso começa ao deitarmos no chão em busca de conexões entre corpo e gravidade, na perspectiva de que se possa revelar uma qualidade **ativamente passiva** no gesto de ceder ao chão.

Modulações da queda - queda lenta, pequena queda, queda e recuperação, corporeidade enquanto queda.

C H Ã O

> Pensar com os pés, errar, vacilar, cambalear, enfraquecer, deslizar, hesitar, titubear, tropeçar, cair, em resumo, perder o chão talvez possa significar, em dança, aventurar-se na luminescência tremeluzente e delicada do amor.
> (ROCHA, 2014, p. 41)

a premissa é dançarmos com o chão e não no chão, na
perspectiva do chão como
matéria geradora de bons conflitos, o chão como parceiro ativo,
o chão como matéria viva!
em tramas que coordenem entrega e oposição
pelo exercício de empurrar e ceder/
pensando (com) o chão/

PENSAR COM OS PÉS
PENSAR COM A PELE

Segundo a dramaturgista Thereza Rocha, "empurrar o chão significa pensar com os pés"(ROCHA, 2014). O sentido dessa escrita-dança incide em trazer à reflexão a quebra da dicotomia corpo e pensamento pelo posicionamento do corpo na horizontal, deitando de partida.

escavar chãos, descobrir outras superfícies,
a lida com um chão vivo, movente e ativo

a pele do corpo e a pele do chão numa intimidade sem pudor, nem cerimônia.
buscar sentidos de uma fisicalidade que opere sob uma espécie de economia
do desmoronamento de todas as partes e do corpo como um todo,
uma corporeidade enquanto queda /
da queda.

A mudança de ângulo do olhar, que difere do posicionamento vertical, revela-se como uma outra possibilidade de perceber o mundo. O corpo se iguala à cabeça no plano horizontal. Deitar, aqui, refere-se à acepção de deixar(-se) cair. Cair lentamente. Cair sem a expectativa de retorno. Cair muitas vezes, até pesar. Corpo e pensamento, sem hierarquia.

A quebra da dicotomia entre corpo e pensamento

P E S O

G
R
A
V
I
D
A
D
E

Q
U
E
D
A

CHÃO

O chão como parceiro incondicional da dança que privilegia os apoios, o direcionamento ósseo e a organização do corpo pela conscientização das forças gravitacionais.

PESO

A figura idealizada da bailarina clássica, que ascende em uma verticalidade incessante, inevitavelmente contrapõe-se à da dançarina contemporânea, que pisa descalça no contato mais direto com as forças do solo, seja a terra ou o piso de madeira, pois a gravidade se coloca como um elemento jamais pensado antes. A sapatilha da bailarina clássica expressa a contenção detida em seus pés, que, contornados pela sola de couro dura coberta de cetim, retêm a forma prometida por sua flutuação. A sapatilha de ponta é, no entanto, símbolo da imagem ícone do voo, aspirado por séculos desde o seu surgimento, no contexto histórico do balé clássico. O nascimento da Dança Moderna, com a precursora, bailarina e coreógrafa, Isadora Duncan, inaugura os pés descalços, a liberdade de movimentos, a coreografia inspirada nas forças da natureza e a importância da terra, do vento, na formulação de outros vocabulários e de novas expressões para a dança. Outras figuras ícones desse movimento, e não menos importantes, como Loïe Fuller, Eros Volúsia, Martha Graham, Doris Humphrey, representam a potência do feminino em soltar amarras da dança que, até então, se privava do peso, da perda de controle e do desequilíbrio na direção de forças inerentes à vida.

A figura da bailarina que flutua, que ascende em oposição à gravidade.
O símbolo da suspensão e da leveza.

Como forma de revelar as emoções humanas, a bailarina e coreógrafa Martha Graham criou uma técnica baseada na respiração, na contração e no relaxamento do movimento (*breathing, contraction and release*), associados ao seu enraizamento no solo. Em sua técnica, "a queda é o conhecimento do poder da gravidade" e seus bailarinos "são criaturas da terra que respeitam o poder da gravidade" (GIGUERRE, 1998, p. 50).

A dançarina e coreógrafa Doris Humphrey cria uma teoria do movimento inaugurando a noção de **queda** e **recuperação**. A queda (*fall*) como propulsora do movimento. Da queda (*fall*) a recuperação (*recovery*), Doris Humphrey, em uma analogia ao ciclo da vida, propõe a arte da dança como um arco entre duas mortes, agenciando a gravidade como eixo primordial do movimento:

> Toda vida flutua entre resistir e entregar-se a gravidade. A criança está embaixo o máximo possível; a gravidade mantém a criança facilmente no solo. Os mais velhos vão gradualmente assumindo o controle, e a força vital vai desaparecendo, até a entrega final, a morte. Há dois pontos estáticos na vida: a imobilidade vertical, na qual os milhares ajustes feitos para manter-se de pé são invisíveis, e a horizontalidade, a última quietude do corpo. A vida e a dança operam entre esses dois pontos e, portanto, formam o arco entre duas mortes. O espaço do tempo da vida é preenchido com milhares de quedas e recuperações – tudo altamente especializado e exagerado na dança – que resulta em acentos de todas as qualidades e temporalidades (HUMPHREY, 1987, p. 106).

O aprendizado, se é que se pode usar esse termo, incide na abertura à atuação da gravidade sobre o corpo e, para tanto, o corpo precisa de um preparo que difere radicalmente de qualquer preparo tradicionalmente relacionado à técnicas codificadas de dança. O corpo necessita de uma espécie de habilidade para deixar-se pesar, cair e desequilibrar. O que parece passivo é de alguma forma ativo ou ativamente passivo. É a realização de uma potência. Ann Cooper Albright afirma que “se sentir confortável com o apoio do chão no corpo é, de fato, o começo do aprendizado de como cair sem medo”[1] (ALBRIGHT, 2017, pg. 63). Todo o trabalho incide em processos de entrega, repouso e expansão sugeridos por modos experimentais de como se entregar à gravidade.

Quebra de paradigmas.
O corpo que pesa. A relação com a gravidade.
Pressupostos da Dança Moderna.

1 Tradução do original: “Feeling comfortable with the support of the floor is, in fact, the beginning of learning how to fall without fear”.

> "Uma das maiores descobertas da dança moderna", recorda Cunningham, "é a utilização da gravidade do corpo a partir do seu peso, isto é, ao contrário de negar (e, por isso, afirmando) a gravidade na sua ascensão, o corpo obedece a gravidade deixando-se conduzir para o chão." Aceitar o peso e trabalhar com ele como se trabalha uma matéria viva e produtiva têm constituído o princípio fundador da modernidade da dança" (LOUPPE, 2012, pg. 104).

_ A dança pós-moderna
_ Steve Paxton
_ A técnica de contato Improvisação,
a lida com as forças gravitacionais...

O peso introduz na dança um processo investigativo profundo acerca das qualidades infinitas de entrega e recuperação decorrentes das tantas quedas possíveis pelo encontro com a ação da gravidade. A força da gravidade sobre a matéria corporal promove o questionamento acerca do controle e, sobretudo, da fixidez e da sustentação do corpo no espaço.

G
R
A
V
I
D
A
D
E

As noções de queda e recuperação estão em jogo motivadas pelas diversas modulações rítmicas das quais se pode extrair o movimento, e a gravidade é inerentemente o seu eixo primordial. Da gravidade, o corpo potencializa as texturas, o colorido e as nuances do gesto dançado. Segundo Humphrey, entretanto, não somente na queda e na recuperação, "energia contra a matriz da gravidade incorporada em todo o movimento humano" (HUMPHREY, 1987, pg 107), que se pode localizar a potência do gesto. Para a coreógrafa, o aspecto mais potente do movimento situa-se na forma como o bailarino organiza-se ritmicamente. As modulações rítmicas com as quais o bailarino lida na entrega e resistência à gravidade definem o que Doris Humphrey preconiza em seu pensamento sobre a queda e recuperação, afirmando uma política da gravidade restituída ao tempo. A atuação do peso, em Humphrey, comporta mecanismos de descendência (*fall*) e ascendência (*rebound*) por meio dos movimentos de balanço (*swing*) que, por sua vez, promovem um ritmo, aspecto caro à coreógrafa americana: "o corpo liberta-se da morte vertical quando o peso do corpo se abandona à sua própria inclinação. Encontra-se sempre próxima de um balanço, mas carece do seu movimento de retorno" (LOUPPE, 2012, pg. 105). O retorno sugerido pela crítica e filósofa Laurence Louppe indica que no trabalho de Doris Humphrey a queda não é um fim, uma vez que o corpo, em sua técnica, está sempre a aguardar a suspensão, o que é qualificado por Louppe como uma estética da flexibilidade, "na qual a elasticidade do espaço é criada num arco de suspensões" (LOUPPE, 2012, pg. 107).

A busca, aqui, enfatiza o "ceder", o "pesar" e o aprendizado de como cair sem medo, como diz Ann Cooper Albright. Angel Vianna nos relembra que essa qualidade perceptiva e motora pode demorar muito tempo. Nessa outra perspectiva, a queda difere-se do que entendemos como o gesto de cair com seu ímpeto, força e velocidade. Supomos que essa queda se inicia ao deitarmos no chão pela percepção da constante atuação da gravidade sobre nosso corpo. Um tempo alargado, sem urgência. Proponho, então, uma espécie de queda lenta no curso do tempo, no espaço do corpo, na direção do chão.

> Corpos abandonados no chão, mas não prostrados. Este trabalho do solo, onde o corpo pensa, se perde e se abandona a um chão que a ele se entrega, produz qualidades excepcionais de movimento devido ao repouso dos tensores. Ou, a integrar espaços de desabamento: pelo trabalho do corpo que pesa e que dá voz às suas qualidades de "cratera" (LOUPPE, 2012, pg. 203).

Todo o trabalho opera em processos de entrega, repouso e expansão sugeridos por modos experimentais de como agir e se relacionar à gravidade.

P S
E O

G
R
A
V
I
D
A
D
E

Q
U
E
D
A

UM EXERCÍCIO DE CONEXÃO ENTRE A FILOSOFIA E A DANÇA.
QUANDO CORPO E PENSAMENTO SE DISPÕEM VULNERÁVEIS
UM AO OUTRO,
ENQUANTO TOQUE,
AMALGAMANDO-SE EM UMA ENTIDADE INDISSOCIÁVEL E INDISTINTA.

______Não seria o caso de tratar o corpo pesado, material, em oposição à metáfora do pensamento leve, imaterial. Trata-se de identificar uma tensão que se dá entre o leve e o pesado, “escapando do binarismo primário”. A partir da ótica de Jean-Luc Nancy, que revela questões contundentes acerca do peso e do pensamento (do peso do pensamento e do pensamento do peso), a filósofa e bailarina Marie Bardet cunha o neologismo ***pe(n)sar***. O corpo é convocado a pesar e pensar uma lida com a variabilidade das forças em "uma relação, movente e cambiante, na qual a única constante é a gravidade como relação de forças" (BARDET, 2014, pg. 65).

Para dançar, pe(n)samos. Há no pe(n)sar, pesar e pensar, um ir e vir, uma tropeçada, um fluxo que não deixa de ser dança: um movimento do pensamento. "Nancy fala de um pensamento que vai além do trabalho intelectual, reflexivo e discursivo, que se faz também no movimento, e em movimento pensa como pesa qualquer coisa" (NANCY, MONNIER *apud* KARAM, 2014, pg. 93).

O PENSAMENTO, ASSIM COMO O MOVIMENTO, É SEMPRE REAVALIADO, PODE-SE DIZER QUE DESLOCAMOS PESO AO PENSAR COMO DESLOCAMOS PESO AO MOVER.

***SMALL DANCE*/PEQUENA DANÇA______*SMALL FALL*/PEQUENA QUEDA**

______STEVE PAXTON ______ FALL ______CONTATO IMPROVISAÇÃO _____QUEDA _____________ PEQUENA DANÇA _________AJUSTES DO CORPO________________STANDSTILL _____ SMALL DANCE _______ ______________________ DE PÉ, QUASE PARADO _____ PERCEPÇÃO.

A pequena dança corresponde aos micromovimentos que o corpo faz ao estar de pé, "quase parado", pelo simples fato de resistir à gravidade: "Ao explorar a pequena dança dada pelo alinhamento do esqueleto enquanto se está de pé, percebe-se quedas sutis das partes do esqueleto" (PAXTON, 1987). O corpo que cai através da técnica de Contato Improvisação conhece o corpo caído dentro do próprio corpo. A queda já não é mais uma catástrofe, pois, de alguma forma, o corpo sabe do corpo caído, há uma intimidade e reciprocidade da queda e do corpo.

Por outro lado, há toda uma dificuldade social em relação ao corpo caído e à queda decorrente do progresso e das implicações subjetivas da corporeidade de um modo geral, sobretudo no viés capitalista, neoliberal que visa produtividade, ascensão e poder. A queda traz o erro e o tropeço como meio que pode suscitar ferramentas expressivas e funcionais ao corpo em movimento. A noção de queda, aqui, afirma o peso e fomenta um viés na contramão à ambição humana pela elevação e aspiração da verticalidade. Para aquém e para além da dança propriamente dita, na busca por interfaces com outras áreas e perspectivas, o sentido de estabelecer possibilidades de contato com a queda no sentido ampliado seria, de todo modo, uma confrontação poética à noção de queda como catástrofe.

O filosofo Paul Virilio propõe uma “corporeidade enquanto queda”. Com relação à corporeidade da queda, Virilio ressalta:

> Na minha compreensão, corporeidade enquanto queda é um elemento bastante interessante do materialismo da própria corporeidade: caindo dentro do próprio corpo, caindo na matéria – elas não são metáforas, elas são concretas. Virilio traz uma visão simbólica da queda como inerente à vida, referindo-se à perspectiva renascentista do espaço real como dependente do peso e, portanto, da gravidade. O filósofo faz alusão ao Gênesis ao relatar que “quando Adão e Eva abrem os olhos, eles descobrem sua nudez, o que significa que eles caíram na realidade (VIRILIO, 2008, pg. 3).

Isso atesta que a existência da queda decorre da origem da percepção do peso no mundo: “A visão humana é dependente do peso, ela submete-se ao fato de cair ou não” (*Idem*). O filósofo traz o exemplo de paraquedistas que se lançam à experiência do voo sem o recurso do altímetro, dispositivo responsável pela medida de altitudes que auxiliam o momento exato da abertura do paraquedas. The *sight-faller* é o termo empregado a esses indivíduos que se lançam no vazio, em queda livre, cujo prognóstico para a decisão de abrir o paraquedas submete-se à confiança da percepção visual da aproximação do solo que, por sua vez, decorre do peso de seu corpo. De fato, trata-se de uma queda livre como veículo para a ativação da percepção do peso do corpo na perspectiva do efêmero.

Virilio demonstra seu fascínio pelo desequilíbrio e pela queda ao afirmar que o movimento nada mais é do que um desequilíbrio impulsionado e que, portanto, como acidente original, a queda é uma benção que nos faz existir. Para ele, que faz uma defesa positiva do cair, a corporeidade enquanto queda é uma materialidade concreta, além de necessária e fundamental.

Você está andando

E você nem sempre percebe, mas você
está sempre caindo

A cada passo você cai ligeiramente
para a frente

E depois se impede de cair

De novo e de novo, você está caindo

E, em seguida, impedindo-se de cair

E é assim que você pode estar andando e caindo
ao mesmo

tempo[2]

(LAURIE ANDERSON, 1982).

2 Do original: "You're walking. And you don't always realize it, but you're always falling. With each step you fall forward slightly. And then catch yourself from falling. Over and over, you're falling. And then catching yourself from falling. And this is how can be walking and falling at the same time".

O CHAMADO DA QUEDA[3]

O que esse "entre" equilíbrio e desequilíbrio, resistência e queda, nos informa como dança, como pensamento do corpo em perspectivas poéticas e políticas?

Como voar do peso histórico da queda e tratá-la sob novas perspectivas por meio do encontro com distintas áreas do pensamento? Como pensar o peso e a queda para além do bem e do mal? Como incitar movimento sem que se perca a qualidade pesante e sua potência pensante? Como a lida com o peso pode instaurar outras possibilidades expressivas?

Como subverter e incitar novos cruzamentos entre peso e morte, leveza e vida, no sentido de possibilitar tramas mais complexas do corpo na dança?

Como peso e pensamento interpelam de fato o movimento e vice-versa? De que maneira o corpo pode acionar peso, e não o contrário?

Quais caminhos e procedimentos podem nos liberar na direção de tropeços, gagueiras e desequilíbrios em nossas práticas?

O que pode o corpo quando pesa? Seria o corpo na dança contemporânea atribuído de um peso maior?

3 Perguntas feitas ao longo da pesquisa de doutorado que resultou na tese "O chamado da queda: errâncias do corpo e processos de desconstrução do movimento dançado". Programa de Pós-Graduação em Artes Cênicas da Universidade Federal do Estado do Rio de Janeiro (UNIRIO), Rio de Janeiro, 2018.

A aceitação do peso,
o corpo que cai e apoia vem despertar distintas perspectivas de sua relação com a gravidade, força pela qual a dança por alguns séculos resistiu. E assim foi sedimentada a noção de que a bailarina/o bailarino é uma figura leve, que flutua e voa.
A queda,
desenvolvida e problematizada nesta pesquisa surge, também, como metáfora de um corpo que, ao invés de elevar-se incessantemente aos céus da tradição clássica almejando a leveza, cai,
pesa
e dirige-se
ao chão aspirando outras terras, outros modos de relação do corpo com a dança. A terra sugere uma poética (grave) cujo sentido se dá pela reorganização do corpo em um terreno instável, movediço, calcado na desestabilização de fôrmas e formas.

No sentido de exercitar um viés político do peso e da queda, proponho o tropeço, a hesitação, o erro, o escorregão como possíveis modos de avançar que, ao conduzir pelo que não se pode ver, sensibiliza outros motivos para que se continue **a dançar.**

Q

P E S O

GRAVIDADE

U

E

GRAVIDADE

D

GRAVIDADE

A

C H Ã O

Peso, pé, pedra, grave, gravidade, tudo cai pelas paredes, pelas bordas do pensamento que gira e se expande.

REFERÊNCIAS

ALBRIGHT, Ann Cooper. **Choreographing Difference:** The Body and Identity in Contemporary Dance. Middletown: Wesleyan University Press, 1997.

ALBRIGHT, Ann Cooper. Falling on Screen. In: **The International Journal of Screendance**. Wisconsin: Parallel Press, 2010.

ANDERSON, Laurie. **Walking and Falling**. Canção. EUA, 1982 Disponível em: h2ps://www.youtube.com/watch?v=GHFCdviF6zU. Acesso em abr. 2021.

BARDET, Marie. **A filosofia da dança:** um encontro entre dança e filosofia. Tradução: Regina Schopke. São Paulo: Martins Fontes, 2014.

FEITOSA, Charles. **Explicando filosofia com arte**. Rio de Janeiro: Ediouro, 2004.

GIL, José. **Movimento total:** o corpo e a dança. Tradução de Miguel Serras Pereira. Lisboa: Relógio D'Água, 2001.

GROS, Frédéric. **A Philosophy of Walking.** Tradução de John Howe. Londres e Nova York: Verso, 2014.

GROS, Frédéric. "Andar nos enseña a desobedecer". **El Mundo**, 5 maio 2014. Entrevista por Leticia Blanco. Disponível em: https://www.elmundo.es/cataluna/2014/12/04/54808daeca4741f0748b456b.html. Acesso em abr. 2021.

HUMPHREY, Doris. **The Art of Making Dances.** New Jersey: Princeton, 1987.

MASSUMI, Brian. **The Politics of Affect.** Cambridge/Malden: Polity Press, 2015

POPPE, Maria Alice Cavalcanti. O chamado da queda: errâncias do corpo e processos de desconstrução do movimento dançado. 201f. Tese (Doutorado em Artes Cênicas). Programa de Pós-Graduação em Artes Cênicas, **Universidade Federal do Estado do Rio de Janeiro - UNIRIO**, Rio de Janeiro, 2018.

ROCHA, Thereza. Ballet sobre outras bases ou em que o tango pode ser bom para tudo? In: **A dança clássica**: dobras e extensões. Instituto Festival de Dança de Joinville (org.). Joinville: Nova Letra, 2014.

VIRILIO, Paul. Gravitational Space. Entrevista por Laurence Louppe. In: VIRILIO, Paul; LOUPPE, Laurence (ed.).

Traces of Dance. Paris: Dis Voir Éditions, 1994. Disponível em: https://www.davidwilliams-skywritings.co.uk/2008/12/sight-fall-time-of-light.html. Acesso em jul. 2021.

PRÁTICA

4.

de que maneira você percebe o movimento do pensamento? o ato de criar pensamento está conectado à sua condição sensível? escolha um trecho de algum dos textos do livro. antes de começar a leitura, brinque com o corpo no espaço, experimentando caminhos de queda - seja através das sensações de desequilíbrios ou de trânsitos entre as verticalidades e horizontalidades, aproximando e distanciando do chão. quando essa dança estiver ativada,

DE

convide as palavras do trecho escolhido a entrarem na roda, mantendo o fluxo de investigação com a queda enquanto você faz a leitura do texto.

ESCRITA

após a leitura dançada, escreva num papel um bilhete ou uma carta à alguém que você sinta desejo de contar sobre essa experimentação, compartilhando o que você está sentindo-pensando. envie essa carta ou bilhete à pessoa escolhida.

DANÇADA

SENTIDO

Soraya Jorge

FIGURA 1. QR CODE DO EPISÓDIO "POÉTICAS AUTÊNTICAS", DO PODCAST MOEBIUS, QUE TRAZ A LEITURA DE SORAYA JORGE DOS TEXTOS POÉTICOS DESTE RELATO DE EXPERIÊNCIA

Só há um jeito de estar: amarrotada, cheia de
dobras e cheiros enquanto os olhos brincam
de abrir e fechar.
Escuto a voz de Aline Bernardi me dizendo:
escreva o que quiser. O espaço vazio se faz e a
escuta aos impulsos se aflora. O corposoma é o
meio: desenha o contorno enquanto vagueia para
dentro e fora do círculo, do eu, do sujeito em
estados relacionais.
Estou na roda do Movimento Autêntico,
aterrando a verticalidade, desenhando a borda,
contemplando o vazio.
Contemplo. Silencio. O sino interno toca e hoje
minhas células dizem: espera, sustenta, contenha
os primeiros impulsos.
Quantos espaços eu digito em um ínfimo instante
para que o movimento vibre e ainda se desloque
invisivelmente?
O gesto selvagem da palavra ressoa nas linhas
tensionais ao longo do impulso
e seu burilamento. Arrisco palavras para
pensamentos fugidios[1].

Quando recebo o convite de Aline Bernardi para uma escrita, sinto o desejo de agradecer pela nossa caminhada desde o curso técnico

1 Texto poético que integra o episódio do podcast Moebius, com acesso através do QR code ou através do link: https://open.spotify.com/episode/4hmPtuCGFkNpqKlIyGEVHf?si=ycMR0iCTRei4AJCPckS_zw&nd=1

de Bailarino Contemporâneo na Angel Vianna[2], deslizando por diferentes fases dentro e fora da escola/faculdade. Pelos espaços da Consciência do Movimento e do Movimento Autêntico (MA), entrelaçados por afetos de amizade em nossas vidas pessoais, as nossas produções ganharam forças singulares e coletivas.

Nos dedicamos, construímos o encontro enquanto acreditamos. Farejamos o caminho apostando nas sensações, percepções, pensamentos moventes, gestos que expressam experiências e ações. Ouso colocar o verbo no plural porque imagino habitarmos, em nossas diferenças, lugares comuns.

Hoje escrevo com um tanto de sua trajetória em mim, celebrando e reverenciando. É um imenso contentamento estar perto, de alguma maneira, de Aline – dos seus projetos de arte escrita, produção efervescente de conhecimento.

Enquanto deixo o espaço vazio do papel dizer o sentido do gesto palavra, sou conectada por nossa paixão pelas palavras e suas derivas.

> Quando alongo e fortaleço os tecidos, são
> outros pensamentos, outros dizeres. Amarrotada,
> mergulho em estado selvagem. Preciso perder
> para que uma ordem inerente emerja, como
> em uma mata sem cultivo. O precisar conversa
> com a precisão: o vigor do sutil rigor.
> Os corpos nascentes jorram Consciência celular
> – membrana cósmica"[3].

Acompanhar as inspirações, pausas, ser movida pelas vísceras e pela pele, para que o instante futuro se presentifique com todo o mistério, tem sido um oferecimento de espaço ao acontecimento. A dádiva de alcançar o outro enquanto encontro o que chamo provisoriamente de mim. Os tempos se atravessam e a experiência se preenche de preparações. Prenhe.

2 Curso mais antigo da escola, que se torna uma primeira formação. Site oficial da escola: https://www.angelvianna.com.br.

3 Texto poético que integra o episódio do podcast Moebius, com acesso através do QR code ou através do link: https://open.spotify.com/episode/4hmPtuCGFkNpqKlIyGEVHf?si=ycMR0iCTRei4AJCPckS_zw&nd=1.

Nesse ensaio percorro pontos, tempos da minha história ao longo das investigações – da consciência ao autêntico, da palavra falada à escrita – nascidas nas experiências. Segundo Tim Ingold, "a linha cresce a partir de um ponto que foi posto em movimento" (p. 26, 2012). E é assim que passeio, conectando e tateando a explicitação dos movimentos amarrotados e organizados em pensamentos sensórios, o mote dessa escrita.

Pausas, vazios, ruídos, silêncios, sons, gestos nas linhas desenham trilhas. O que se apresenta hoje é o desafio de dar forma a impulsos, em estados de caos, distração, preguiça, cheios de dobras. A espera de um corpo organizado, enraizado, com atenção focada, dá lugar ao inesperado, borrando as formas definidas.

> A vida acontece no entre dos acontecimentos.
> As passagens vão se contornando nos rituais[4].

O que (me) percorre são as **pre-para-ações**. Como as micro-ações, implícitas, invisíveis aos olhos, aos ouvidos, sentidas e até mesmo não percebidas, desenham o ambiente, abrem e envolvem os fluídos na relação entre a vontade e a entrega? O que se pre-para para ser escrito, ser movido?

O Movimento Autêntico (MA), hoje nomeado de Disciplina do Movimento Autêntico (DMA) por sua criadora, Janet Adler, foi o que ofereci no **Lab Corpo Palavra** (Aline Bernardi), e que tenho me dedicado a introduzir no Brasil por mais de 25 anos. A prática propõe ações percebidas nas sensações e fisicalidades do **corposoma**[5] para acessar movimentos, gestos, palavras que falem a experiência de modo simples e direto, deixando tudo que se refira ao

4 Texto poético que integra o episódio do podcast Moebius, com acesso através do QR code ou através do link: https://open.spotify.com/episode/4hmPtuCGFkNpqKlIyGEVHf?si=ycMR0iCTRei4AJCPckS_zw&nd=1.

5 A partir de estudos do corpo e das somáticas, em uma livre inspiração, me testemunho acoplando as palavras corpo e soma (corposoma), na intenção de registrar e fortalecer a diferença e os laços entre elas. O que estamos falando quando usamos a palavra corpo, a palavra soma? A palavra corpo tem um sentido mais amplo e usual, já a palavra soma é um conceito de corpo visto pela própria pessoa que o sente. Abrange os aspectos físicos, sensoriais, emocionais, energéticos. Esse conceito está em desenvolvimento, permitindo a experiência das duas palavras continuarem a encontrar espaços, sentidos, e se integrarem na formulação de meu pensamento (para o conceito de Soma, ver Thomas Hanna).

"sobre" para momentos que se desdobram. Emoções, pensamentos, interpretações fazem parte da vasta paisagem dos estados vividos e do cultivo de acesso ao que se move enquanto nos movemos.

Disciplina[6] para Adler, se refere ao comprometimento com a precisão, rigor, vigor, ritualística em relação ao movimento e à palavra. Uma certa ordem que emergiu ao longo da evolução da prática, através de seus processos pessoais, psicológicos, espirituais (místicos), e estudos experienciados nas rodas do MA com ex-praticantes.

Na tradição budista se estuda o eu, para esquecer o eu. Estar no caminho para poder virar-lhe as costas. A simplicidade da DMA, que é sobre relação, afetar e ser afetado, requer contornos claros para a complexidade, sustentação dos paradoxos, dos mergulhos no desconhecido, no mistério.

Acrescento à palavra disciplina o que Snyder (2018) diz sobre a prática: um termo-chave, "que significa um esforço intencional, persistente e consciente para nos sintonizarmos melhor com nós próprios e com o modo como o mundo é realmente" (p. 8). O desenvolvimento da consciência encarnada e corporificada da Testemunha/Testemunho é a proposta da prática onde o fio vincular do campo pessoal ao coletivo é tecido.

Em meus textos procuro usar a combinação MA/DMA considerando as singulares nuances entre as nomeações, inclusive na evolução histórica da prática, mas não cabe aqui um maior detalhamento.

Com raízes na dança, rituais de povos originários, psicologia do desenvolvimento, curas xamânicas, meditação, a DMA se

6 O MA se expande muito rapidamente nos EUA e na Europa e passa a ser, além de uma prática em si, um relevante recurso para os profissionais das artes do corpo (dança), das práticas meditativas, das (psico)terapias, somáticas e muitas outras. Não sendo uma marca registrada até então, e não tendo conhecimento, após 40 anos, sobre como o MA vinha sendo ensinado, praticado, carregando seu nome, Adler toma a decisão de renomeá-lo. Esse movimento tem a intenção de legitimar suas novas pesquisas e a criação de um programa aos interessados em se tornarem professores da disciplina, oferecido juntamente com um coletivo de professores internacionais, do qual faço parte. Em todos os seus escritos, desde sempre, a palavra disciplina consta na descrição da prática. Por esses motivos, Disciplina passa a fazer parte do nome (https://disciplineofauthenticmovement.com/discipline-of-authentic-movement/welcome-from-janet-adler-founder-of-circles-of-four/).

transversaliza através de potentes conectividades, com as somáticas (educação e terapias), psicanálise, antropologia, práticas de atenção (contemplativas), estudos performativos, energéticos e místicos.

> Mover é a abertura dos poros para
> que o gesto siga caminho.
> Testemunhar é espaço, acompanhar
> as afetações atravessantes[7].

A estrutura base da prática é a presença de, no mínimo, duas pessoas, uma na função de Movedora e a outra na função de Testemunha. Segundo Janet Adler:

> Authentic Movement, compassionate witnessing of movement becoming conscious, is a process grounded in the relationship between a mover and a witness. Different teachers of Authentic Movement offer their evolving perspectives in unique and diverse ways. The Discipline of Authentic Movement, a mystical practice centered in the development of embodied witness consciousness, is one way in this growing field of exploration. For both the mover and the witness, work is concentrated in the development of the inner witness, which is one way of understanding the development of consciousness. In this discipline the inner witness is externalized, embodied by a person who is called the outer witness. Another person, called the mover, embodies the moving self. After moving, the mover speaks her experience, the outer witness listens and then speaks her experience of the movement. In this way language bridges experience from body to consciousness. For both mover and witness the intention toward the practice of thoughtful speech is central to the development of the

7 Texto poético que integra o episódio do podcast Moebius, com acesso através do QR code ou através do link: https://open.spotify.com/episode/4hmPtuCGFkNpqKlIyGEVHf?si=ycMR0iCTRei4AJCPckS_zw&nd=1.

discipline (https://disciplineofauthenticmovement.com/discipline-of-authentic-movement/)[8].

Mover é fechar/entreabrir os olhos na presença de uma Testemunha Externa, para ampliar outros sentidos e escutar, farejar os impulsos de movimento-pausa e, no exercício contínuo, encontrar caminhos de expressão/contenção. É se perguntar: o que me move? Como movo o que me move?

Testemunhar é se manter em pausa, em posição vertical, sentada e/ou em pé e oferecer ao Movedore um campo compassivo, de não julgamento. Exercitar ver, perceber como é movide pela presença de Movedore.

O trabalho sobre as projeções, interpretações se iniciam no processo de ser Movedore na presença de ume Testemunhe Externa experiente, com sue Testemunhe Interne desenvolvide. No decorrer do processo, e Movedore potencializa as habilidades para se tornar ume Testemunhe Externa.

Mover e se responsabilizar pelos próprios julgamentos, legendas, estórias é um recurso de reciclagem de si, relacional, que fomenta a construção de uma gramática não projetiva. A Linguagem Perceptiva[9], na qual Janet se inspirou, propõe o uso do pronome "eu" para construir o "nós", um coletivo consciente.

8 Movimento Autêntico, testemunho compassivo do movimento tornando-se consciente, é um processo baseado na relação entre uma movedora e uma testemunha. Diferentes professores do Movimento Autêntico oferecem suas perspectivas em evolução de maneiras únicas e diversas. A Disciplina do Movimento Autêntico, uma prática mística centrada no desenvolvimento da consciência da testemunha encarnada, é um caminho neste campo crescente de exploração. Tanto para o movedor quanto para a testemunha, o trabalho concentra-se no desenvolvimento da testemunha interior, que é uma forma de compreender o desenvolvimento da consciência. Nesta disciplina, a testemunha interna é externalizada, corporificada por uma pessoa chamada de testemunha externa. Outra pessoa, chamada de movedora, encarna o self em movimento. Depois de se mover, a movedora fala sua experiência, a testemunha externa ouve e então fala sua experiência do movimento. Desse modo, a linguagem conecta a experiência do corpo à consciência. Para mover e testemunhar, a intenção em relação à prática da fala respeitosa é central para o desenvolvimento da disciplina (tradução nossa).

9 SAGER, Paula. Introduction. In: ADLER, Janet; MORRISSEY, Bonnie (ed.); SAGER Paula (ed.). *Intimacy in Emptiness: An Evolution of Embodied Consciousness. Collected Writings of Janet Adler*. Rochester: Inner Traditions, 2022, p. 13.

A Cartografia da Testemunha, como eu chamo, contém quatro pistas básicas, sendo elas desdobráveis e adaptáveis, dependendo do contexto das investigações:

1. Fisicalidades, fisiologias (sensações das fisicalidades, fisiologias).

2. Sensação, emoção (sensações das emoções).

3. Interpretações, estórias, pensamentos, julgamentos, projeções, imagens (sensações de todas essas camadas, incluindo imagens e pensamentos sensórios).

4. Como Movedore, de que maneira contextualizo a experiência. Passado, presente, futuro? Marcas, pesquisas, etc. Como Testemunhe – idem acima. E como relaciono o que vejo com as próprias experiências? O que tem fora que tem dentro? E vice-versa.

O manuseamento e consciência do material emergente das pistas do Testemunho favorecem a atualização dos contínuos rastros e impulsionam a di_gestão e a corporificação das experiências: no mover, exercício de encarnar os gestos e construir deslocamentos para o testemunho; no testemunhar, com/no espaço criado, ser movido. Acompanhamento dos silêncios, ruídos, pausas, tumultos, vazios, das aproximações e distanciamentos, do tempo todo, dos acontecimentos.

A poética gestual se demorando para conter a livre associação, o impulso rápido de desdobramento é a ação de endobrar que gera escolhas para justas relações e possíveis encontros com o íntimo. **Endobrar** é acompanhar o micromovimento de todo movimento, criando uma possível oposição ao desdobramento. A atenção minuciosa de endobrar e desdobrar, mover e testemunhar, ser movide, se modulam em gradações onde essas supostas contradições se tornam fenômenos paradoxais. A duração de movimentos e pausas moduladas sustentam as percepções e reverberações do expresso, visível ou não. A visão do que não se vê. As sensações do que não se percebe.

As pistas cartográficas, citadas acima, favorecem o reconhecimento do terreno corporal, ser visível, ocupar espaço no espaço, ser carne em muitas dimensões, o que nomeio como encarnação. As experiências se tornando corpo ao serem assimiladas pelo Testemunho, testemunho que imagino ser o sol para a vitamina D na absorção do cálcio, e que vai se tornando corporificação do vivido. Ir legitimando, tomando consciência do que vai se sabendo continuamente, incluindo os saberes ancestrais, é a margem relacional, vibrante, do que não se sabe. Lembro de José Gil, filósofo português, quando diz:

> Um corpo que se abre e se fecha, que se conecta sem cessar com outros corpos e outros elementos, um corpo que pode ser desertado, esvaziado, roubado de sua alma, e pode ser atravessado pelos fluxos mais exuberantes da vida. Um corpo humano pode devir animal, devir mineral, vegetal, devir atmosfera, buraco, oceano, devir puro movimento. Em suma, um corpo paradoxal (GIL, p. 56, 2002).

Movedores e Testemunhes: mover, testemunhar, ouvir, falar, elementos fundantes do grande espectro de ver e ser viste, em um percurso de prática do Movimento Autêntico, constroem território para, no **um,** habitar e(s) **outre**(s). "O mundo é natureza e, a longo prazo, inevitavelmente selvagem, porque o selvagem, enquanto processo e essência da natureza, é também uma imposição de impermanência" (SNYDER, p. 13, 2018).

Nesse momento me apoio em meus ísquios e
vísceras, e de novo, de novo, novo, sem iguais,
sentada em frente à página em branco, sinto
vontade de encontrar o que neste momento está
sendo digestado e precisa ser expresso. No modo
farejamento, testemunho com acuidade o vazio
da tela. Investigo os impulsos de movimento
e pausa. Não investigo. Aproximo. Chego perto
da palavra, relevo de uma paisagem: colinas,
montanhas, rios, múltiplos seres.

O que vejo? O que se torna visível às minhas percepções? Estou em uma trilha, contemplativa e atenta, vagueando ao longo de muitos pensamentos moventes e sensações sutis e radicais. A natureza é tudo que se apresenta[10].

Trilha 1

Quais sentires sentidos estão gerando sentidos nos instantes e ciclos? Do intenso Rainer à imensa Angel e ao grande Klauss, a família Vianna aproxima os meus desejos dispersos e quase desconhecidos. A somática dos afetos em movimento consciente se instaura em meu cotidiano. A arte do cuidado e da criação transbordam, produzindo novos contornos, sacudindo os instalados jeitos de viver. Meu corposoma é feito de muitas experiências, mas essa é uma história que começa com dezessete anos.

Nessa trilha inicio a pesquisa sobre o Movimento Sensível e Pensamento Movente, no que concerne à escavação das camadas física, fisiológica, sensória, emocional, energética e a escrita da experiência. O que hoje chamo de Pensamento Sensório (pensório/pensatório).

> Movimento que é sensação e pensamento, que busca caminhos de existência próprios, encarnando várias formas de ser arte, vida, de observar, desconstruir e criar novos padrões. Movimento que sutilmente, antes mesmo de acontecer, já é gesto espontâneo. Gesto que desenha finura de textura, que simplesmente dá sentido sem necessariamente dizer algo de forma lógica, que captura o olhar do observador, este em estado de encontro com aquele que vive o gesto (JORGE, 2009, p. 7).

10 Texto poético que integra o episódio do podcast Moebius, com acesso através do QR code ou através do link: https://open.spotify.com/episode/4hmPtuCGFkNpqKlIyGEVHf?si=ycMR0iCTRei4AJCPckS_zw&nd=1.

Seguindo os reconhecimentos de mestras e mestres, além de todes alunes, praticantes que tive tanta alegria de encontrar, na Califórnia, sou chamada ao MA e em seguida a DMA. Convocada a sentir o invisível, no pleno espaço de encarnação e corporificação, a percepção da autenticidade se apresenta junto à noção de composto. A cada escavação, a preciosidade do gesto encontrado é a mistura de todo o percurso. Autêntico é o volume enxuto, qualidades vibratórias que se relevam como pequenos montes ou montanhas de uma paisagem-natureza.

Com o trabalho no e sobre os julgamentos, o método que a disciplina do MA oferece no desenvolvimento do Testemunho abarca as marcas pessoais, culturais, civilizatórias para serem vividas, reconhecidas, nomeadas e manuseadas, transformando o que se agarra, congela, intoxica em adubo, em conhecimento de si. Consciência de Testemunho que oferece relações menos projetivas, vazios potentes, estados de solitude, pertencimento e participação.

Estou me tornando minimalista. O turbilhão se dá
e a pausa, o vaguear, constituem o testemunho.
O desejo se ancora no reconhecimento de um
certo agora que se estende envelopando e
ocupando o campo dos encontros. No interior das
paredes, cresço. É no fundo do mar que sinto o
meu volume. Posso então silenciar.
Meu ego é confrontado. Dói demais quebrar em
pedaços e ver que o que sobra é a imensidão
de um grão.
Um movimento que se avessa
por inteiro[11].

Considero o MA/DMA uma Abordagem Somática Relacional. O modo como tais elementos são geridos em um campo de confiança para novos desafios fortalece os tecidos éticos e estéticos das malhas existenciais.

11 Texto poético que integra o episódio do podcast Moebius, com acesso através do QR code ou através do link: https://open.spotify.com/episode/4hmPtuCGFkNpqKlIyGEVHf?si=ycMR0iCTRei4AJCPckS_zw&nd=1.

O aprendizado de modulação, em todas as camadas descritas, faz do trabalho uma construção de mutualidade. A conexão com o momento presente, tocando a autenticidade, sabendo que este está imbuído de passado e futuro, é uma afirmação de apresentar e não de representar o corposoma.

É preciso reafirmar que todas as palavras, enunciados, rituais do MA e hoje DMA nasceram no estúdio. A prática da consciência encarnada originada no relacionamento é um lugar onde qualquer trauma não resolvido pode ser vivido com segurança e, no tempo certo, integrado conscientemente. Da mesma forma, experiências espirituais, energéticas, místicas, como nomeia Adler, são vividas e abraçadas na roda. É de extrema importância que cada pessoa encontre a palavra justa da experiência, honrando a própria história e os novos que se enunciam.

Viver a experiência direta, a espiritualidade, os fenômenos energéticos, ancorados no corposoma, e encontrar as palavras para o inominável, é parte intrínseca da prática, incluindo é claro, o silêncio. Um grande desafio é encontrar espaços que sejam possíveis vivê-los sem, necessariamente, vincular a uma religião ou a uma única linhagem espiritual.

O estudo investigativo na Disciplina demanda assentamento no corposoma, um eu suficientemente saudável para que se possa borrar os contornos do eu. Uma experiência quase sem sujeito.

> Como se deixa a consciência invadir pelo corpo? (...). Deixar-se "invadir", "impregnar" pelo corpo significa principalmente entrar na zona das pequenas percepções. A consciência vígil, clara e distinta, a consciência intencional que visa o sentido do mundo e que delimita um campo de luz, deixam de ser pregnantes em proveito das pequenas percepções e do seu movimento crepuscular (GIL, 2005, p. 130).

"As pequenas percepções permitem-nos ver todo o passado e adivinhar o futuro" (LEIBNIZ, 1993, apud GIL, 2005).

Na linguagem da prática, um estado perceptivo, campo que se instala na relação soma-atmosfera, pode ser vivido, acompanhado, sem perder a Testemunha Interna. Testemunha como consciência encarnada, e não reflexiva. Não é uma fusão, e sim um intenso contágio. A coisa vivida é. A coisa é. Experiência direta. Testemunha e Movedore em estado uno, vibrante, distinto e de comunhão. Geralmente há pouco ou quase nada de pensamento e emoção, e sim de fisicalidade e sensações.

> Within the discipline of Authentic Movement direct experience is known as unitive phenomenon, occurring when the inner witness becomes clear, silent awareness, when the felt separation between the moving self and the more familiar experience of the inner witness dissolves. There is an awareness of an immersion in the ineffable experience of nonduality. This definition is similar to the descriptions of the direct experience in the mystical traditions derived from monotheistic religious, and of samadhi in Buddhism. A direct reunnion with soul, such experience of energetic phenomena can be understood as experience of spirit in both a concentrated and an expansive way. Like spirit, transpersonal energy has always been and will always be part of human experience. (ADLER, Janet p. 206, 2002).[12]

Diante do desafio de nomear, focar principalmente na fisicalidade, sensações, e acompanhar os pensamentos e emoções ativados ao falar a experiência, investigando as sensações dão suporte ao farejamento das palavras. Esse processo nos aproxima de como o

12 Dentro da disciplina do Movimento Autêntico, a experiência direta é conhecida como fenômeno unitivo, ocorrendo quando a testemunha interna se torna uma consciência clara e silenciosa, quando a separação sentida entre o eu em movimento e a experiência mais familiar da testemunha interna se dissolve. Há uma consciência de uma imersão na experiência inefável da não dualidade. Essa definição é semelhante às descrições da experiência direta nas tradições místicas derivadas da religião monoteísta e do samadhi no budismo. Uma reunião direta com a alma, essa experiência de fenômenos energéticos pode ser entendida como experiência do espírito de uma forma concentrada e expansiva. Como o espírito, a energia transpessoal sempre fez e sempre fará parte da experiência humana (tradução nossa).

corpo vive todas essas camadas. A Testemunha Externa ancora e esclarece quando e Movedore inicia reflexões, interpretações, esquecendo até mesmo a gestualidade. Essa distinção é importante para o ritual, porque nessa linha tênue a partilha se modifica.

A desconfiança e/ou a dúvida do vivido podem aparecer quando no movimento do falar o significado rapidamente se dá. Este pulam como pulgas, pequenas e ágeis, provindos da necessidade de um possível enquadramento do vivido. Diferentemente, o ancoramento é a experiência de viver e deixar que os desdobramentos e endobramentos se mostrem em um tempo próprio, onde o que não se sabe pode ser acolhido. Todo esse processo é sustentado pelo desenvolvimento do Testemunho.

A Linguagem Perceptiva é a forma mais direta dentro da prática para acessar a experiência encarnada e diminuir as interpretações e julgamentos na escolha das palavras, produzindo um campo de confiança. As proposições de uso do pronome "eu", "verbo no presente" e a responsabilidade pelas próprias projeções, nomeando as fisicalidades/fisiologias, tanto dos fenômenos emocionais como dos energéticos, revelam correspondências, elos, intersecções, transformando constrangimento em pulsação.

Os corpos nascentes jorram, criam consciência:
corposoma relacional, corposoma testemunho,
corposoma ritual/terreiro,
corposoma ecologia processual.[13]

Nessa trilha é importante citar alguns enunciados que foram emergindo na maturidade da DMA no Brasil. Estes explicitam interfaces da prática com as reflexões e experiências vividas por todes es praticantes. São eles:

Abordagem Somática Relacional nasce da importância de legitimar o MA/DMA como uma abordagem somática, já que ainda é pouco conhecida e entendida como um sistema no Brasil.

Prática do Testemunho é como Janet Adler nomeia o desenvolvimento da consciência. Outras palavras também falam da

13 Texto poético que integra o episódio do podcast Moebius, com acesso através do QR code ou através do link: https://open.spotify.com/episode/4hmPtuCGFkNpqKlIyGEVHf?si=ycMR0iCTRei4AJCPckS_zw&nd=1

experiência do Testemunho: espaço, acompanhamento, consciência encarnada e corporificada.

Ritual Contemporâneo nasce na prática da roda, mesmo com duas pessoas, e é desenhado peles Movedores e Testemunhes. Testemunhes sustentam o círculo durante todo o tempo do trabalho e o espaço vazio é adentrado pelos Movedores. Disciplina aqui refere-se a ritualística, precisão e ao círculo como conexão energética no/do movimento.

Ecologia Processual diz do manuseamento do que e como sentimos: sensação, emoção, pensamentos, interpretações, julgamentos. Como nos relacionamos com os atravessamentos e rastros, lastros da vida, reciclando a "si", não só o "mundo". Consciência do Testemunho que se dá no Ritual da Roda nas ações/estados de encarnar e corporificar as experiências.

Estes que compõem o que nomeio como campo relacional de ressonâncias do encontro dos corpos em movimento se tocando na pele ou à distância. O antropólogo Gustavo Chiesa (2016) explora a relação entre ciência, saúde e espiritualidade, e acende a minha curiosidade investigativa – para futuros novos estudos – sobre o que vivemos nas rodas do MA e sobre sua pesquisa a respeito do ectoplasma.

> O ectoplasma não é uma, mas várias substâncias; é uma mistura de fluidos, que estão nos corpos e no ambiente; é um "emaranhado de coisas", uma reunião de aconteceres. Os fluidos são, na verdade, a parte mais sutil da matéria, compondo uma dimensão que está além daquilo que podemos ver, mas de alguma forma podemos *perceber, intuir e ser afetados*. (CHIESA, p. 30, 2016).

Quando falando, movo, gestualizo. Quanto mais
percebo e acompanho o surgimento dos gestos,
das palavras no caldeirão sensório que é a
vida atravessada pela vida e, ao mesmo tempo,
sentida em sua singularidade, mais o profano se
torna sagrado, e o sagrado, profano. Um ritual
de movimento e testemunho da sensopercepção.

Trilha 2

A caminhada de introdução do MA e da DMA no Brasil tem sido cheia de entusiasmo, decisões, responsabilidade e alegrias. Tenho a noção de que outras pessoas vêm praticando e integrando o MA em suas pesquisas, como Ciane Fernandes[14], antes mesmo deste processo que inicio. Também sou consciente de um importante diferencial, que é o meu oferecimento do MA e da Disciplina seguindo os princípios da criadora Janet Adler e de forma continuada.

No ano de 1996 aconteceu o primeiro workshop avulso no Rio de Janeiro, no Estúdio Casa de Pedra, e a partir de 1999/2000 grupos regulares se formaram em muitos estados do Brasil.

Por possuir grande abertura para composições, percebi em um dado momento que não havia um entendimento sistêmico da prática. O que existia era o uso de elementos, e não da dinâmica correlata entre eles.

A relação entre Movedores e Testemunhes, o desenvolvimento da Testemunha Interna, o exercício da linguagem não projetiva, consequência da construção do Testemunho, não eram conhecidas pelos que se interessavam pela prática.

A partir disso, pauso as criações com outras abordagens, como, por exemplo, a rica pesquisa desenvolvida com Guto Macedo[15] sobre as interseções do Contato Improvisação com o Movimento Autêntico, que gerou o Contato Autêntico e a Jam – Roda Viva[16].

A decisão dessa pausa vem do forte sentimento de responsabilidade e comprometimento de apresentar e facilitar o MA/DMA da forma mais fiel possível à linhagem que venho seguindo até hoje, sem deixar de conversar com as experiências, palavras e pesquisas provindas dos praticantes dos diversos cantos brasileiros. Um compromisso minucioso, sutil, assertivo

14 Bailarina, pesquisadora, professora da Universidade Federal da Bahia (UFBA). CV: http://lattes.cnpq.br/2276710235171349.

15 Guto Macedo, pesquisador, professor de teatro e bailarino contemporâneo especializado em Contato Improvisação e praticante do Movimento Autêntico desde 2003

16 Com a pesquisa, viajamos pelo Brasil e Europa para facilitar cursos e participar de festivais como professores (www.movimentoautentico.com).

que demanda clareza e importantes reflexões. Tem sido uma linda e intensa trilha.

Por esse motivo e pelo interesse dos praticantes por mais estudos e práticas que no ano de 2007, Guto Macedo e eu criamos o Centro Internacional do MA (CIMA), um espaço virtual com a missão de conectar, agrupar e inspirar diversas pesquisas relacionadas com a abordagem em diferentes países. Oferecer workshops, encontros de grupo e individuais, estudos dirigidos e um Processo Formativo.

O Processo Formativo, primeiramente com o nome de Programa de Aprendizagem do MA (PAMA), se inicia no Brasil e em Viena/Áustria com parceria de Clarissa Costa e Isaias Costa, do Therapiezentrum Gersthof[17], entre os anos de 2008 e 2013 (Authentic Movement Apprenticeship Program). Em 2014 esse programa se revitaliza e ganha novo impulso, se expandindo a Portugal com o nome de Processo Formativo do MA.

O Processo Formativo inclui a perspectiva do MA e da DMA e o estudo se baseia na prática relacional das funções Movedere/Testemunhe (ground form) através de um detalhamento fino de cada uma delas: Movedore, Movedore Testemunha, Testemunha Silenciosa, Testemunha Verbal, Testemunha Integral. Do desenvolvimento do Testemunho (consciência encarnada e corporificada); o manuseio de julgamentos e interpretações e a construção da linguagem não projetiva (https://disciplineofauthenticmovement.com/discipline-of-authentic-movement/).

No programa de atividades proposto a pessoa é acompanhada em sua singularidade, não havendo turmas que se formam juntas:

- Encontros Individuais
- Encontros Coletivos de Iniciação para os que desejam conhecer e Encontros Abertos para o exercício da prática
- Estudos Práticos Continuados de Aprofundamento; Estudos Avançados e Focados

17 Clarissa Costa, Isaias Costa, do Therapiezentrum Gersthof, amigos brasileiros, psicoterapeutas, amantes do Movimento Autêntico, residentes em Viena há anos. Além do PAMA, produzimos encontros internacionais do MA em Viena e em outras partes da Europa, por quatro anos. Clarissa e Isaias continuam produzindo esses encontros com outras parcerias.

- Encontros Específicos na Disciplina do Movimento Autêntico
- Encontros de Formação para Facilitadores
- Encontros de Supervisão
- Retiros

Ser facilitadora tem significado criar espaços seguros e de atenção para a prática. Pesquisa de testemunhar detalhes dos gestos em diferentes partes do Brasil e em Portugal, depois de bastante tempo testemunhando os colegas e alunos na Califórnia. Perceber o quão laborioso é encontrar palavras correspondentes do inglês para o português/brasileiro e criar novas para a construção de uma linguagem da experiência. Um caminho coletivo gestual de vozes e verbos.

Desde a pandemia, o trabalho tem se dado de forma online, possibilitando pessoas de vários lugares estarem na roda em uma consistente continuidade, já que meu deslocamento físico não é essencial para o aprofundamento das práticas e estudos. A consequência disso é um maior desenvolvimento no processo por parte da maioria dos participantes, especialmente na incorporação da prática e da linguagem verbal não projetiva. Ao mesmo tempo, sentimos a falta de estarmos juntes no estúdio. Agora se coloca o desafio de construir o modo híbrido, já que o uso da ferramenta online se apresenta como possível, útil e até mesmo muito rico.

O interesse continua sendo pesquisar, ensinar, pensar, sentir como o MA/DMA move as pessoas que o praticam nos modos de viver, nos contextos cultural, social e político nos quais estamos imersos. Finalizo essa escrita com perguntas iniciais do MA/DMA, sobre o impulso: o que nos move? Como movemos o que nos move? Como o escolhemos e/ou somos escolhides por ele? Como damos contorno, forma, expressamos o que nos imprime? Que dos endobramentos e desdobramentos emerjam sonhos, sinais, visões, novas percepções, gestos, movimentos e novas palavras para as experiências do visível e do invisível.

Mover, Testemunhar, Falar, Escutar, como a
DMA propõe, afetam inteiramente minha vida.
Mudanças sutis se espalham pelas células, no
mais dentro desconhecido e presente superfície.

Acontecimento em ebulição do sentir/pensar/agir,
nem sempre nessa ordem, fazem emergir modos
diversos de estar no mundo, cocriando relações
de intimidade nas convivências.
Fazemos mundo juntes[18].

18 Texto poético que integra o episódio do podcast Moebius, com acesso através do QR code ou através do link: https://open.spotify.com/episode/4hmPtuCGFkNpqKlIyGEVHf?si=ycMR0iCTRei4AJCPckS_zw&nd=1.

REFERÊNCIAS

ADLER, Janet. **Offering from the Conscious Body:** The Discipline of Authentic Movement. Rochester: Inner Traditions, 2002.

ADLER, Janet; MORRISSEY, Bonnie (ed.); SAGER Paula (ed.). **Intimacy in Emptiness**: An Evolution of Embodied Consciousness. Collected Writings of Janet Adler. Rochester: Inner Traditions, 2022.

CHIESA, Gustavo Ruiz. **Além do que se vê**: magnetismos, ectoplasmas e paracirurgias. Porto Alegre: Multifoco, 2016.

GIL, José. **Movimento total**: o corpo e a dança. São Paulo: Iluminuras, 2005.

INGOLD, Tim. **Horizontes Antropológicos**. Porto Alegre, ano 18, n. 37, pp. 25-44, jan./jun. 2012.

JORGE, Soraya. O Pensamento Movente de um corpo que dança (ou a necessidade de se criar um estilo para falar de Movimento Sensível). Pós-graduação (Lato Sensu) em Terapia Através do Movimento. Corpo e Subjetivação - **Faculdade Angel Vianna**. Rio de Janeiro, 2009.

SNYDER, Gary. **A prática da natureza selvagem.** Lisboa: Antígona, 2018.

PAUSA.
contratempo.

A PALAVRA COMO POTÊNCIA DE ABERTURA

Ana Kfouri

Leve com você as infâncias da palavra.
Valère Novarina

A minha pesquisa e trajetória giram em torno do lidar com a palavra-corpo sempre em tensão e em relação. Este artigo[1] entrecruza conteúdos/reflexões do livro *Forças de um corpo vazado*[2], que publiquei em 2019, e do meu próximo livro, em fase de finalização, *Focos Móveis*[3].

Forças de um corpo vazado é fruto do doutorado em Artes Visuais que realizei na EBA/UFRJ, e também do meu desejo de desenvolver outros olhares ao pensar meus trabalhos e suas respectivas interlocuções com vozes e pensadores que atravessam minha pesquisa. Focos Móveis é o nome da técnica de treinamento para atrizes e atores que criei e desenvolvi ao longo da minha trajetória artística – e sigo em criação, em experiência – e que proponho partilhar com estudantes, profissionais, professores e artistas das artes da cena e da imagem.

A relação corpo-palavra alicerça minha investigação cênica no campo da intensidade, nos campos intensivos do teatro e da vida, inseparáveis. Artaud protesta logo no início de *O teatro e seu duplo* "contra a ideia separada que se faz da cultura, como se de um lado estivesse a cultura e do outro a vida; e como se a verdadeira cultura não fosse um meio refinado de compreender e de *exercer* a vida" (ARTAUD, 1991, p. 4). E nós temos poucos estudos e muito pouca prática no trabalho com a palavra e, portanto, com o corpo,

1 Esse artigo é fruto da palestra que realizei para o Lab Corpo Palavra, a convite de Aline Bernardi, em fevereiro de 2021.

2 KFOURI, Ana. *Forças de um corpo vazado*. Rio de Janeiro: 7Letras: PUC-Rio, 2019.

3 "Focos Móveis" é meu Projeto de Pesquisa de Pós-Doutorado, iniciado em março de 2019, no Programa de Pós-Graduação em Artes da Cena (PPGAC), UFRJ, sob a supervisão de Eleonora Fabião.

no campo intensivo das artes cênicas. O estudo de base é sempre ou quase sempre voltado ao campo intencional. Ou seja, a intencionalidade é ainda um fato hegemônico na formação de atrizes e atores nas artes da cena.

Valère Novarina, artista franco-suíço e um interlocutor muito presente na minha pesquisa, diz: "preciso de atores de intensidade, não de intenção". É uma frase simples, mas muito potente, que abre um campo complexo de pensamento e estudos, de prática e de ação, no que diz respeito à atuação e à relação crítica e intensiva corpo-palavra/palavra-corpo. Novarina é dramaturgo, tem escritos diversos, peças de teatro, prosa, livros teóricos e, além de ser artista plástico, realiza performances, exposições e dirige teatro. Enfim, um artista que atua e entrelaça essas ações. Novarina traz a síntese no pensamento, abre em frases curtas uma quantidade incomensurável de conteúdos – acredito que por ser artista plástico e lidar com a contenção que a imagem exige.

No final dos anos 70 do século XX, Novarina começa a realizar performances que ele vem a chamar "crises de desenho"[4], quando os rabiscos e os traços surgem à medida que a escrita não vem, que a escrita falta, falha. Ele escreve a um dos atores da montagem de *A opereta imaginária*, que ele mesmo dirigiu na Hungria:

> "Sai do método do Stanislavski! Salta em Meyerhold! Trabalha tudo no avesso, numa outra perspectiva! [...] "perspectiva: vista atravessadora" – sim, mas no outro sentido! Não tece mais uma construção de personagem [...] mas presta atenção aos traços (como um pintor), aos traços que você traça, que você joga nas figuras humanas que se erguem e serão combinadas no cérebro e no corpo do espectador" (NOVARINA apud LOPES, 2017, p. 27).

4 Para conhecer mais o trabalho de Novarina em várias de suas frentes, recomendo a leitura de *Traduzindo Novarina: cena, pintura e pensamento*. Rio de Janeiro: 7Letras, 2017, de Angela Leite Lopes, tradutora de todos os textos de Novarina no Brasil.

Novarina traz esses traços em todas as suas ações e inscrições estético-artístico-políticas. Na escrita, estes irrompem nas frases que o autor constrói, cria, ao pensar o teatro como espaço de suspensão conjunta e a atuação como força propulsora desse espaço. Novarina opera e orquestra uma compressão das palavras, escrevendo em frases curtas conteúdos e dizeres múltiplos, que pulsam, reverberam e abrem muitos campos de pensamento. O pensador dialoga com a tradição e dá saltos. É um artista que obviamente está fora da linhagem do realismo e do psicologismo. Não é à toa que fala em Stanislavski e Meyerhold. Este, em contraponto ao mestre, produz outras formas de pensar e de fazer que não o naturalismo. Meyerhold traz o traço de tragicidade riscando/rasgando o pensamento e a ação no seu teatro da convenção consciente. Ele investe na plasticidade, enfatiza os elementos visuais, estimula o ator a desenvolver extrema consciência de seu corpo e a pensar através de imagens.

Sabemos que existem muitos e diferentes caminhos para pensar a linguagem como criação, como campo de forças, a linguagem desprovida de sujeito, sem comandos e controles de sujeitos. De formas diversas, artistas, performers e pensadores criam procedimentos que tangenciam o status do "irrepresentável". A minha experiência artística transita nesses territórios dos campos da intensidade, da sensação, da palavra-corpo/corpo-palavra entendidos e trabalhados como campos de forças em tensão e em relação. Entender a linguagem e a arte como sensação traz à minha pesquisa o pensamento de Deleuze como uma referência marcante. Para o filósofo, a arte, sendo a linguagem das sensações, tem a potência de "entrar nas palavras, nas cores, nos sons ou nas pedras. A arte não tem opinião (...) O escritor se serve de palavras, mas criando uma sintaxe que as introduz na sensação, e que faz gaguejar a língua corrente, ou tremer, ou gritar, ou mesmo cantar" (DELEUZE, 1992, p. 44). Vamos deixar essa imagem reverberar: fazer gaguejar a língua, ou tremer, ou gritar, ou cantar, ou dançar. Vamos trabalhar pensando nessa imagem da palavra e da fala se deslocando, ou se descolando de uma facilidade da língua corrente. Vamos experienciar a fala tremer, vibrar, espacializar. Pensar a palavra para além das palavras, as palavras em sua potência libertadora, libertadora dos sentidos prefixados.

Samuel Beckett, outra referência importante na minha pesquisa, buscou escrever em francês, por exemplo, no intuito de dificultar o ato da escrita. Como o francês não era a sua língua-mãe, escrever em francês era um desafio; poderia fazer com que ele conseguisse escrever sem cair no excesso, na facilidade da expressão que o inglês poderia proporcionar. Beckett traz uma imagem também muito forte para deixarmos reverberar, a de uma folha em branco. Ele fala: "A maioria dos escritores desperdiça o tempo das pessoas com obras muito longas. Eu estou tentando reduzir tudo ao tamanho mínimo. No final de um dia meu último trabalho terá sido uma folha em branco"[5]. Quanta força emana dessa imagem: a contenção, o traço, o mínimo, o espaço "vazio", o que está por vir.

Em *Forças de um corpo vazado* eu partilho a noção de corpo vazado/corpo-sopro, noção, imagem poética/força corpórea que nomeei para pensar *quem* fala, uma interrogação sobre quem é esse que fala, entendendo a palavra, o ato de falar, como potência do lugar da criação e da não representação na cena e na arte contemporâneas. Busquei pensar *quem* fala, esse *performer*, esse falador, não para defini-lo, mas para pensá-lo de outras maneiras.

Corpo vazado é um corpo crítico, não hierarquizado, que não se compreende como neutro (se é crítico, não pode ser neutro), nem como centro. Um corpo que está em relação e que é atravessado por forças, é um campo de forças, está em um campo de forças, que é a vida, o mundo em ação, forças em ação, forças sociais, afetivas, éticas, existenciais, sem se fixar nelas, ao ponto de enrijecer. Minha dedicação, meu fazer diário, minha micropolítica é pensar o exercício da atuação e chamar a atenção para o quanto a herança ocidental textocentrista, hegemônica, que traz uma estrutura hierárquica, um pensamento autoritário, dicotômico, prepondera ainda hoje e paira sobre nossos corpos, dificultando, intimidando, inibindo outros caminhos do pensar, do agir, do fazer e do atuar. Essa herança tem que ser vista dentro de uma perspectiva histórica. Ela não é inerente ao teatro e não é a única maneira de fazer e de pensar a cena e a atuação, é uma construção histórica. Precisamos pensar o exercício da atuação e perceber o quanto a herança ocidental textocentrista

5 Depoimento de Beckett extraído do documentário *Waiting for Beckett: A Portrait of Samuel Beckett*. Global Village, 1994.

nos oprime. Trabalhar "naturalizando", sem perceber a dicotomia entre corpo e palavra, diminui a potência dos campos subjetivos, pois dessa forma eles se submetem à palavra e à mensagem que ela supostamente deve passar. E essa palavra-mensagem está submetida, por sua vez, à "ideia" – que se situa, acima de tudo, no alto da pirâmide hierárquica.

O que me move é afirmar e trazer um pensamento-corpo no campo intensivo das artes da cena. O exercício da docência, sempre muito presente na minha vida, entre outros trânsitos artísticos, políticos, éticos, estéticos que me perpassam, me chama para a partilha da técnica Focos Móveis, pois a base de formação das artes cênicas ainda está submetida às técnicas europeias. Precisamos deixar outros legados às gerações vindouras, pois não pode haver no Brasil uma escola única de teatro[6]. Nosso país abarca uma diversidade de artistas singulares apontando para a abundância de linguagens, mas em termos de base, de formação, estamos frágeis e engessados em técnicas e fazeres hegemônicos advindos da tradição teatral ocidental. É urgente a partilha, o conhecimento, o ensinamento de práticas e pensamentos cênicos brasileiros e/ou latino-americanos.

A atuação é um exercício, uma experiência de presença-ausência, um enfrentamento de presença-ausência. O corpo vazado traz essa qualidade de presença, de estar aqui e de escapar de si. A atuação é também um exercício de abandono, em vários sentidos, mas aponto aqui mais no sentido de a atriz/o ator se libertar, com

6 A escritora nigeriana Chimamanda Ngozi Adichie alerta sobre "O perigo de uma história única" em diversos caminhos, transmissões, pensamentos e ações da nossa existência, chamando a atenção para o quanto de autoritarismo e apagamento de memórias e histórias acontecem sob essa perspectiva dominadora, muitas vezes sem que as pessoas tenham consciência de tal violência. Elas simplesmente conhecem uma única história, prioritariamente a das culturas e povos "superiores". Isso vai se dando no dia a dia, na família, na escola, nas leituras, na transmissão de saberes, nos espaços públicos, em instituições, universidades, nas ruas, na vida, enfim. "É impossível falar sobre história única sem falar sobre poder. Existe uma palavra em igbo na qual sempre penso quando considero as estruturas de poder no mundo: *nkali*. É um substantivo que, em tradução livre, quer dizer "ser maior do que o outro". Assim como o mundo econômico e político, as histórias também são definidas pelo princípio de *nkali*: como elas são contadas e quantas são contadas depende muito de poder. O poder é a habilidade não apenas de contar a história de outra pessoa, mas de fazer que ela seja sua história definitiva" (ADICHIE, 2019, pp. 22-23).

consciência de potência, dessa herança ocidental muito presente, prepotente, opressora dos corpos, e praticar uma ausência de controle, uma ausência de domínio sobre a palavra. Trabalhar corpo-palavra/palavra-corpo em relação crítica e intensiva e em tensão é a minha proposta no trabalho com as atrizes, com os atores, com os artistas, e no meu exercício de atriz, de professora, de pesquisadora etc. Enfim, a minha proposta é praticar uma ausência de controle, uma ausência de domínio sobre a palavra ou sobre o outro ou sobre si mesmo (que é o pior controle). É recorrente ver atrizes tendo uma ideia e depois querendo colocar o corpo dentro. Essa é a prática do pensamento dicotômico. Como se não fosse no corpo que se elabora a ideia, que se produz pensamento, coitado do corpo trabalhado dessa forma! O corpo não é algo que se usa. O corpo não é um executor. Novarina diz uma coisa engraçada: "Todo cenário que pode ser traduzido por uma ideia tem que ser imediatamente destruído" (NOVARINA, 2005, p. 35). Precisamos perceber o quanto corpo e palavra separados, apartados, com um sujeito dando conta de compreender tudo o que a palavra quer dizer e passar para o outro, resulta nesse corpo mensageiro, instrumento de expressão.

A herança deixada da "presença" no teatro moderno do século XX, principalmente na primeira metade do século, relaciona-se com a construção de personagem, com o "servir" ao texto, trabalhado com encadeamentos causais, evolutivos, com a noção de "finalidade", que Beckett faz desmoronar. Corpo muito presente, mas no sentido de fechado, definido-definitivo, rígido, carregado de intenções, carregado da condução psicológica, que traz muito desgaste mental. Ou seja, a presença trabalhada dessa forma não traz a ausência como um tensionamento ou mesmo como uma possibilidade de esvaziamento, pois seu "objetivo" é sempre o de explicitar, ilustrar e passar para o público a trajetória dramática do personagem. O esvaziamento aqui nunca ocorre; o que se oferece enquanto trabalho de atuação é sempre o preenchimento, de teor psicológico, que percorre todas as instâncias do trabalho, ou seja: o texto, o subtexto, as ações, as relações e, infelizmente, a imaginação.

Temos que cuidar dessas práticas "naturalizadas". O principal é entendermos este "a serviço", este estado subalterno da atuação. O texto visto no ápice da hierarquia das artes cênicas e a palavra entendida como autoridade final. E sabemos que a palavra é uma força corpórea, o verbo agindo no corpo. O corpo instrumento de expressão é um corpo submisso. E a palavra entendida como mensagem é autoritária. A palavra é potência! Potência do que? De abertura. A palavra é potência de abertura. Ela abre os sentidos, as imagens, os afetos. Ela inaugura alguma coisa, e não determina isso ou aquilo. A palavra abre, espacializa, reverbera, ressoa, vibra, energiza. O mundo das palavras solicita um abandono, um abandono de controle (da atriz/ator, da/o espectador/a, da/o falante, da/o ouvinte). A palavra nos coloca em pensamento, em movimento, buscando orientação, buscando compreensão, o que é muito diferente de compreender para falar. Não é disso que se trata quando pensamos a palavra, ou pelo menos quando pensamos com mais profundidade o mundo das palavras. Então, é fundamental enfrentarmos isso: não querer mesmo comandar, não querer esse tipo de "segurança", de querer dizer por ela, pela palavra, de fechar-lhes os sentidos. Precisamos enfrentar isso nas nossas experiências em salas de aula, nos palcos, no virtual, como falantes, como ouvintes, precisamos enfrentar isso nas nossas leituras, nas nossas experiências artísticas, estéticas, como atrizes e atores, mas também como espectadoras/es, interlocutoras/es, como falantes e como ouvintes. Precisamos estar em relação, em diálogo, em escuta, não querer entender logo, apartar, definir. Precisamos ter um pouco mais de paciência, desfrutarmos o estar em errância, em movimento. Precisamos "dar um tempo" à compreensão, com generosidade dar tempo a ela. Mas compreender, isso sim, esse estado de estar em relação, em campos de forças. Falo corpo e palavra falo ESPAÇO, espacialidades; falo corpo e palavra falo TEMPO, temporalidades; falo corpo e palavra falo IMAGEM, forças da imagem, do que se vê, do que não se vê, forças da síntese, da plasticidade, do mínimo, do "vazio"; falo corpo e palavra falo INTERLOCUÇÃO, atravessamentos de corpos em ação; falo corpo e palavra falo SILÊNCIO, repleto de vozes reverberando, vozes inaudíveis, que tremem, que fazem o corpo tremer, a linguagem tremer; falo corpo e palavra falo MÚSICA, sonoridades, ritmos...

Para trabalhar em relação com os campos de forças em ação temos que sair do pensamento dicotômico. Não há campos de forças em relação em um mundo binário, há relação de poder, de um sobre o outro, entristecendo, despotencializando os corpos. Paul Preciado, filósofo, pensador das novas políticas do corpo, de gênero e da sexualidade, diz, no livro *Um apartamento em urano: crônicas da travessia*, sobre "a violência produzida pela epistemologia binária do Ocidente", em um contexto macro, obviamente muito maior de opressão:

> A violência produzida pela epistemologia binária do Ocidente. O universo inteiro cortado em dois e somente em dois. Tudo tem um direito e um avesso nesse sistema de conhecimento. Somos o humano ou o animal. O homem ou a mulher. Somos o colonizador ou o colonizado. O organismo ou a máquina. Fomos divididos pela norma. Cortados em dois e forçados em seguida a escolher uma de nossas partes. O que chamamos de subjetividade não é mais que a cicatriz deixada pelo corte na multiplicidade do que poderíamos ter sido. Sobre essa cicatriz assenta-se a propriedade, funda-se a família, e lega-se a herança. Sobre essa cicatriz, escreve-se o nome e afirma-se a identidade sexual (PRECIADO, 2020, pp. 25-26).

Precisamos sair urgentemente desse pensamento "naturalizado" dicotômico, hegemônico, hierárquico. "Nada de complexo permanecerá diante da simplificação programada diante de nós, dualizadora, maquinesca e com duas patas: o homem irá em toda parte gritar *a*: e ele voltará suspirar *b*; e se lhe perguntarem por que ele tinha dito *b*, ele dirá de novo: "*a* não é *b*, *b* não é *a*; e é só o que sei" (NOVARINA, 2003, p. 71). A atuação tem que estar fora dessa engrenagem binária. A atuação está em relação com as tensões das forças do mundo.

Só um corpo insubmisso estará potencializado para estar vivendo, atuando em um campo relacional, que olha, percebe, que sabe não estar no centro. Um corpo repleto de silêncios, de vozes inaudíveis, que dá a vez, que dá passagem, que percebe que é hora de outro falar. Um corpo que escuta, silencia, age, porque está em relação, nos atritos em ação, nas tensões das forças em ação. Um corpo em relação com os entornos visível e invisível. Ou seja, estar em relação com as forças do mundo e de si mesmo. Com o que não vemos, com o que não sabemos, com as forças do inconsciente, em relação com o que não apreendemos, mas que nos move, nos agita, nos coloca em movimento. Estar em relação com o entorno invisível faz a gente enxergar/intuir/pressentir o que não se vê. Essa conjuntura dos campos visível e invisível, o estar em relação com as forças em tensão tira a atriz/o ator da identidade, da rigidez, do centro. Que centro? Atrizes e atores estão nas bordas, estão sempre escorregando, em queda, nas beiradas e em queda. Em cicatriz, cicatrizando e caindo de novo. Atuar é um ato abismal, estado abismal, gesto abismal, uma atitude abismal. O único centro da atriz/do ator é a barriga, o frio na barriga. O único centro é o baixo-ventre, as forças do baixo-ventre.

Só um corpo insubmisso às ideias, no sentido da ideia quando vista e trabalhada apartada do corpo, um pensamento dicotômico, e mais do que isto, superior ao corpo, é PENSAMENTO-CORPO, da ordem do suor, da transpiração. Só um corpo insubmisso é antes de tudo um campo de forças de resistência também a qualquer outro poder que pretenda subestimá-lo ou controlá-lo. Pensamento-corpo é pensamento! Cuidem das falas naturalizadas: "Ah, sou muito racional", entendendo o pensamento só de uma maneira cartesiana, lógica. Como se essa fosse a única maneira de pensar, de existir, de atuar. Existem outros modos do pensar e do fazer. "É com os dedos que um pianista pensa, mas o que ele faz é pensar, e não batucar num piano, que diabo" (MEYERHOLD, 2005, p. 109).

O corpo vazado/corpo-sopro propõe um corpo ao mesmo tempo esvaziado, ou em esvaziamento, que se consegue aproximando de si, com exercícios de respiração, e não com psicologia, e potencializado, também pela respiração. Isso é o que chamo de consciência de potência. Assim se trava uma relação com o mundo das palavras. "Habito meu corpo vivo de palavras" (NOVARINA, 2007, p. 44), palavras me atravessam, me calam, palavras outras, de outrem, palavras ancestrais, palavras vindouras. Sabemos que hoje está muito difícil falar, e temos que encontrar outras palavras, acreditar na força delas, ressignificá-las. Cuidar das palavras, assim como precisamos cuidar dos corpos. Estamos fartos da palavra esvaziada, precisamos deixar de lado a palavra que não cola na ação, palavra vazia, morta, que difere totalmente da proposta de um corpo esvaziado, ou em esvaziamento, buscando se libertar dessa herança hegemônica e autoritária que existe e nos é dada. Esse corpo esvaziado ou em esvaziamento é o corpo que produz o vazio ao falar, se assim podemos dizer, cheio de vozes, de dizeres infinitos, muitas vezes vozes ainda inaudíveis que fazem o corpo-língua tremer. São desfazimentos que a gente opera, desfazimentos de controles, de muitas informações, muitos dados, muitas coisas dadas, muitas referências[7]. E ainda com Novarina, "Muito precisamente cada palavra designa o desconhecido. Diga o que você não sabe. Dê o que você não possui. Aquilo do que não se pode falar, é isso que é preciso dizer" (NOVARINA, 2003, p. 20).

Precisamos demais nos desviar da armadilha de um entendimento da palavra que visa a uma mensagem e do corpo trabalhado como um instrumento de expressão. No campo intensivo, e não intencional, trabalha-se palavra e corpo para além de uma condução psicológica, conectados a um campo no qual prevalecem a intensidade sobre a intenção, o acaso sobre os encadeamentos causais e evolutivos, o ritmo, a oralidade, a sonoridade e os significantes sobre o fechamento de sentidos. Pensar e tomar a palavra como atitude e comprometimento ético e afetivo, e não como mensagem. A palavra é uma abertura, nunca um fechamento. As palavras se abrem em muitos dizeres, em infinitos dizeres. O campo intensivo se desdobra, se esgarça, as palavras escapam, espacializam, espiralam, nos convocam, se esvaem, se renovam.

Trabalhar na materialidade da língua, num campo intensivo, é deixar a potência de abertura da palavra acontecer, à revelia de um sujeito que fala (no sentido de sujeito apartado; não estou negando jamais as subjetividades, mas no campo intensivo elas vazam, não é algo que se impõe). Estamos falando de uma fala performativa e não interpretativa. Se estamos trabalhando com autoras/es que cavam na linguagem, têm corpos ali pulsando e suando dizeres,

7 "O pintor tem várias coisas na cabeça, ao seu redor ou no ateliê. Ora, tudo o que ele tem na cabeça ou ao seu redor já está na tela, mais ou menos virtualmente, mais ou menos atualmente, antes que ele comece o trabalho. Tudo isso está presente na tela, sob a forma de imagens, atuais ou virtuais. De tal forma que o pintor não tem de preencher uma superfície em branco, mas sim esvaziá-la, desobstruí-la" (DELEUZE, 2007, p. 91).

aquelas escritas abrem mundos de pensamento, de questões, de filosofia, de memória, de imaginação, de afeto, de política, de visão de mundo, de ética. A fala performativa vai dar a ver esses mundos, aqui e ali. Não vai dar conta deles (dessa forma é trabalhar na dicotomia). Mas a fala performativa vai dar a ver esses mundos como? Em flashes, em escapulidas... Os campos semânticos... Os campos dizeres, eles pulsam, eles aparecem e desaparecem... Aparecem e desaparecem... Quem fala não entende o sentido para dizer, quem fala escuta os sentidos ao dizer, é bem diferente. Obviamente de tanto ler. Ler em voz alta. Por isso o rigor no trabalho do artista, do performer, do falador. A atuação se dá entre o rigor e o gozo, numa linha tênue entre o rigor e o gozo[8]. A fala é uma abertura... Para além dos sentidos, também.

Não é só de campo semântico (restrito) que se trata quando se fala, quando se trabalha a palavra entendida como inaugural. A palavra inaugura alguma coisa. Se a palavra é potência de abertura, o que ela poderia abrir, inaugurar? Campos sonoros, plásticos, subjetivos, espaciais, semânticos, rítmicos... São campos dizeres. Como dominar isso? Como dominar esses campos todos? Esses entrecruzamentos de campos de forças? Temos que estar em relação com eles. Os campos subjetivos estão em relação com essas forças, com essas frequências. Então, trabalhar palavra-corpo/corpo-palavra sempre em tensão e em relação, sabendo que não somos centro de nada, mas que somos atravessados pelas forças do mundo, e da cena (pois são inseparáveis), esse estar em relação de fato potencializa os campos subjetivos vazarem, aparecerem como gesto, ato abismal, ato ético-estético-político. Para isso, atrizes e atores precisam trabalhar com consciência de potência.

Em Focos Móveis articulo, entrecruzo, conjugo várias dinâmicas - exercícios técnicos, corpo, voz, respiração, dinâmicas sensoriais e dinâmicas da fala. São aproximadamente 80 dinâmicas embasadas, sustentadas por alguns conceitos e noções que criei – como, por exemplo, “corpo vazado”, “foco móvel”, “base móvel”, “areninha”, “vazio e vácuo”, “presença-ausência”, além de estados cênicos corpóreos criados por níveis de tensão muscular,

8 "Na língua, entre o rigor e o gozo" é o título de um posfácio que escrevi para o livro *Uma frase para minha mãe* (PRIGENT, 2019, p. 51). Desenvolvo e abro mais esse texto no meu livro por vir, já citado, Focos Móveis.

que nomeio "mínimo de presença, corpo presente, corpo tenso e corpo debilitado", todos princípios elaborados para estimular processos intensivos de criação; além de um amplo aparato técnico e de um proceder em torno de se trabalhar na materialidade da língua. Pensar-praticar a palavra como força corpórea, produzindo uma fala performativa e não interpretativa.

O procedimento de trabalhar a palavra e o corpo em campos distintos faz os campos subjetivos enrijecerem, faz a atriz/o ator fechar os sentidos e os sentimentos a priori, porque eles vêm juntos, e isso fragiliza a atuação. Faz atrizes/atores serem o instrumento de expressão, os responsáveis por passarem a mensagem. Essa forma de atuar/trabalhar sobrecarrega os corpos. Fica pesado. É muito desgaste mental. Aí está o grande equívoco. Os campos subjetivos vazam... Ao falar, ao dançar, ao escrever... Eles escapam dos corpos vazados no ato da fala, quando a/o performer se inscreve no mundo, no ato, na cena, na rua, em plena presença-ausência. Isso é que é bonito, os campos semânticos e subjetivos entrelaçados vazando. Por isso trabalhamos com rigor e no rigor. Entre o rigor e o gozo, numa linha tênue de rigor e de gozo.

Em *Forças de um corpo vazado* foi muito importante pensar o corpo e a palavra com Beckett e com Novarina, devido ao meu comprometimento, meu atravessamento com estes autores. Eu articulo minha experiência como atriz para nortear a noção de corpo vazado/corpo-sopro, apontando proximidades e diferenças ao se trabalhar com eles (Beckett e Novarina). Foi um avanço para pensar a minha experiência, pensar as proximidades e diferenças ao lidar com o palavrear de cada autor, e também poder refletir os corpos diferentes em cada trabalho. Foi estimulante pensar o corpo-palavra nos dois monólogos que realizei como atriz no Projeto Beckett[9], por mim idealizado, *Primeiro amor* e *Moi lui*. Eram sensações corpóreas muito diferentes, impossibilitando sempre qualquer tentativa de

9 Projeto Beckett: *Primeiro amor*, dirigido por Antonio Guedes, e *Moi lui*, inspirado em *Molloy*, com direção e dramaturgia de Isabel Cavalcanti (Teatro Poeirinha, Rio de Janeiro/RJ, de novembro de 2012 a fevereiro de 2013; Teatro Dulcina, Rio de Janeiro/RJ, abril e maio de 2013; apresentação no Projeto Solus, Ipatinga/MG, 2013; Projeto Teatro na Contramão, Escola Sesc, São Paulo/SP, 2013; Sesc Pompeia, São Paulo/SP, março e abril de 2014; CIT-Ecum, São Paulo/SP, final de abril a junho de 2014; Filo - Festival Internacional de Teatro, Londrina/PR, julho de 2014; projeto Off Cena, Sesc Palladium, Belo Horizonte/MG, novembro de 2014).

criar algum método ou fixar maneiras de se encenar um ou outro autor. Ou criar algum método para se trabalhar fora da psicologia.

O corpo vazado/corpo-sopro é um pensamento, uma forma de pensar (no sentido de sermos seres vazados). E uma forma de fazer. Modos do pensar, modos do fazer. Em termos mais precisos, se a gente for pensar nele como uma repetição, a única repetição seria a compreensão do corpo como um campo de forças. O entendimento do corpo como potência.

O corpo, o corpo falador, a fala, essa força corpórea que me potencializa, que potencializa meu trabalho, minha vida, atravessa meus livros, *Forças de um corpo vazado* e *Focos Móveis*, por vir. É muito difícil nomear, mas hoje nomeio, corpo vazado, corpo espiritual. "Um corpo que vai embora passa pela voz" (NOVARINA, 2003, p. 17). Temos que cuidar muito do mundo das palavras. Há que se travar mesmo uma relação de afeto, de ética, de escuta, com o mundo das palavras. Porque a palavra é potência de abertura, com ela podemos fazer aparecer mundos melhores, outros mundos, mais dignos, mais diferentes, menos desiguais, mais alegres, mais artísticos.

REFERÊNCIAS

ADICHIE, Chimamanda Ngozi. **O perigo de uma história única.** São Paulo: Companhia das Letras, 2019.

ARTAUD, Antonin. **O teatro e seu duplo.** São Paulo: Martins Fontes, 1993

BECKETT, Samuel. **Primeiro amor.** Tradução e desenhos Célia Euvaldo. São Paulo: Cosac & Naify, 2004.

BECKETT, Samuel. **Molloy.** Tradução de Inês Cavalcanti. Paris: Les Éditions de Minuit, 1972.

DELEUZE, Gilles. **Francis Bacon:** a lógica da sensação. Rio de Janeiro: Zahar, 2007.

DELEUZE, Gilles; GUATTARI, Félix. **O que é a filosofia?** Rio de Janeiro: Editora 34, 1992.

SAADI, Fátima. **A configuração da cena moderna:** Diderot e Lessing. Rio de Janeiro: Teatro do Pequeno Gesto, 2018.

KFOURI, Ana. **Forças de um corpo vazado.** Rio de Janeiro: 7Letras/PUC-Rio, 2019.

LOPES, Angela Leite. Traduzindo Novarina: cena, pintura e pensamento. Rio de Janeiro: 7Letras, 2017.

MEYERHOLD, Vsevolod. **Meyerhold.** Organização, introdução e tradução de Béatrice Picon-Vallin. Arles: Actes Sud, 2005.

NOVARINA, Valère. **Diante da palavra.** Rio de Janeiro: 7Letras, 2003.

NOVARINA, Valère. **Carta aos atores e Para Louis de Funès.** Rio de Janeiro: 7Letras, 2005.

NOVARINA, Valère. **Discurso aos animais.** Tradução Angela Leite Lopes. Rio de Janeiro: 7Letras, 2007.

PRECIADO, Paul. **Um apartamento em Urano:** crônicas da travessia. Rio de Janeiro: Zahar, 2020.

PRIGENT, Christian. **Uma frase para minha mãe.** Recorte e tradução Marcelo Jacques de Moraes. Rio de Janeiro: 7Letras, 2019.

CONVERSA

Aline Bernardi: Vou começar essa conversa me convidando ao exercício de me descrever: sou uma mulher latino-americana de pele clara, tenho os olhos e cabelos castanhos - no momento os cabelos estão bem curtos, raspados nas laterais e na nuca. Estou muito feliz em conversar com você, Sandra, uma importante pensadora indígena de nosso país, professora do ensino fundamental e pesquisadora em Antropologia Social do Museu Nacional da UFRJ. Tive a alegria de fazer parte de um grupo de estudos conduzidos por você, e ouvir sua perspectiva de Corpo Território e da presença da construção do corpo feminino na cosmovisão Guarani. Vamos conversar sobre o Corpo Território?

Sandra Benites Guarani Nhadewa: Obrigada pelo convite, mais uma vez, de estar aqui para fazer esse encontro: encontro de palavras, encontro de saberes, encontro de experiências e encontro de trajetórias. Como a gente vai falar sobre a questão do Corpo Território, eu sempre trago isso a partir da minha própria experiência. Vou me descrever: eu sou uma mulher indígena, tenho o cabelo longo preto, a pele parda, estou usando brinco de miçanga azul, amarelo e laranja. Eu estou muito feliz de estar aqui para partilhar minha experiência enquanto mulher Guarani.

SANDRA BENITES E ALINE BERNARDI

Então, logo de imediato, eu vou falar rapidamente sobre a minha pesquisa que vem se desenvolvendo a partir das minhas inquietações, e de várias questões. Eu comecei como agente de saúde, depois fui professora... Aí eu comecei a fazer licenciatura e depois eu fui fazer mestrado. Eu nunca pensei de estar neste lugar acadêmico, que é uma coisa que eu tenho algumas desconfianças, mas também me ajuda a me perceber, a compreender melhor e valorizar aquilo que é importante para nós, Guarani, e especificamente para nós, mulheres Guarani. Então, a partir das minhas inquietações, das várias dificuldades, necessidades que eu passei, eu vim desenvolvendo algumas reflexões para poder entender a ideia dessas dificuldades que a gente vem enfrentando enquanto mulher Guarani.

Primeiro que eu tive várias dificuldades por ser mulher indígena e também por ser mãe. Eu tenho quatro filhos. Eu comecei a estudar nessa vida acadêmica praticamente quando eu tive o meu filho pequeno. Agora já está todo mundo grande, mas eu continuo falando sobre esses vários vieses que foram elementos que colocam obstáculos na minha trajetória enquanto mulher, enquanto mulher indígena, enquanto mulher Guarani, enquanto mãe, enquanto mãe Guarani. Então, eu me vi tentando entender e desenvolver algumas observações e reflexões a partir da Academia, onde eu estou inserida: a gente chega na universidade, nesses espaços acadêmicos ou em quaisquer instituições onde as pessoas circulam e deveria ser um espaço de encontro, de conversa, encontro de diálogo, e eu sempre olho e percebo dessa maneira - então a partir disso eu trago as minhas inquietações.

A primeira questão que eu queria apresentar rapidamente é falar um pouco enquanto Guarani. Quando eu cheguei na academia, eu comecei a observar mais, eu comecei a olhar, ler, perceber as pesquisas que foram feitas sobre nós, Guarani, e a maior parte das pesquisas que foram feitas eu não via a presença das mulheres Guarani. Existe (pesquisa) sobre os Guarani de modo geral, mas sempre a partir da perspectiva de um interlocutor Guarani masculino. E eu não estou dizendo que isso está errado, a questão é que para nós Guarani existe tanto *Nhandesy Ete* quanto *Nhanderu Ete*. O que é *Nhanderu Ete*? *Nhanderu Ete* é o que nós acreditamos ser o Deus, o nosso Deus, não é o Deus perfeito, mas é uma figura que a gente segue como uma referência enquanto crença, daquilo que a gente é enquanto Guarani. Mas também não é só o *Nhanderu Ete*, ele é apenas uma das figuras, um dos seres que a gente acredita que existe. E existe *Nhandesy Ete* que também é uma figura muito importante. Inclusive a sua importância, na verdade, é que a própria *Nhandesy Ete* nos organiza enquanto Guarani. A partir da narrativa da história de *Nhandesy* a gente vai entendendo o que é aquilo que a gente acredita, o que é o pensamento Guarani, porque o Guarani se organiza dessa maneira. Então, a narrativa da *Nhandesy*, a história da *Nhandesy* nos organiza enquanto ser Guarani.

Então, o que acontece? Eu vejo que isso está sendo apagado, digamos assim, de modo geral, como se houvesse apenas um Deus, o *Nhanderu*. Na verdade, na nossa comunidade não existe apenas *Nhanderu*, existe *Nhandesy* também. *Nhanderu* é Deus e *Nhandesy* seria a Deusa. E por que eu comecei a questionar? Porque eu pude perceber que os mais jovens vão também acreditar que existe apenas *Nhanderu*, que é só um Deus. Não é que isso esteja errado, mas é que essas novas gerações, se a história da *Nhandesy* está sendo apagada, vão entender que só existe o *Nhanderu*. Eles vão deixar de entender que são duas figuras importantes que explicam a origem do mundo para nós, Guarani.

Então, o que é a história da *Nhandesy*? Como eu tive essa experiência de escuta enquanto eu era criança, quando a minha avó ensinava, narrava as histórias, explicava para a gente todas as histórias, essas narrativas eu guardei comigo. Mas, os meus filhos, se eles não ouvirem isso, não entenderem isso ou não tiver o espaço para eles escutarem essas narrativas, eles vão ter dificuldade de entender que existem duas figuras: *Nhandesy* e *Nhanderu*. O que é *Nhandesy* e *Nhanderu*? Segundo nossos mais velhos, nós somos Guarani. Existe no Brasil de hoje Guarani *Nhandewa*, *Mbya* e *Kaiowá*. O *Kaiowá* é do Mato Grosso do Sul; *Nhandewa* também tem alguma parte por lá, inclusive eu sou de origem do Mato Grosso do Sul, sou da aldeia Porto Lindo, e eu me identifico como *Nhandewa*, e existe *Mbya*. Existem versões diferentes entre *Mbya*, *Nhandewa* e *Kaiowá*, mas a história da narrativa é a mesma, sempre começa a partir da caminhada da *Nhandesy*, que é a nossa mãe. O que é *Nhandesy*? *Nhandesy Ete* é a nossa mãe, nossa mãe verdadeira. E também existe *Nhanderu*, e *Nhanderu Ete*, que é o nosso pai verdadeiro; essas duas figuras que deram origem ao mundo para nós, Guarani. Eu estou falando a partir da minha perspectiva, a partir do entendimento que a minha vó me explicou. Ela falava assim:

"*Nhanderu Ete* é na verdade *ywategua*. E o que é *ywategua*? De cima. *Nhandesy Ete* é *ywy pygua*, quer dizer 'da terra'. Mas, na verdade, *Nhandesy Ete* é o próprio chão". Sempre que a minha avó falava *Nhandesy Ete ywy pygua* era para dizer a própria Terra. Então, eu estou falando a partir da história que a minha avó me contava enquanto Guarani *Nhandewa* e mulher também. E aí ela falava que esse chão que a gente pisa é o próprio corpo da *Nhandesy*.

E é por isso que, quando existem rituais - e todos os Guarani os têm -, há um momento do ritual dos meninos e o das meninas para se identificar a partir do seu corpo: o que é que pode, como que pode, quais as funções de cada um e até suas limitações, e o que é que pode acrescentar um do outro, um com o outro para equilibrar. Na nossa língua Guarani existe *Djoawy*, que significa desequilíbrio. Para não desequilibrar a gente precisa entender, compreender como é que cada corpo funciona. Um corpo não é só um corpo, o corpo é o espírito que a gente chama de *Nhe'ẽ*; e o corpo, o nosso *Nhe'ẽ*, não está apenas dentro do nosso próprio corpo, ele também é uma relação. Existem coisas no entorno. O que fortalece o nosso *Nhe'ẽ*? O nosso *Nhe'ẽ*, na verdade, o que vem nele é o que a gente não enxerga. Nosso espírito. Digamos que o nosso *Nhe'ẽ* seria a base do nosso equilíbrio emocional. É bem difícil traduzir essas questões, mas eu vou tentar.

E aí é onde vem o *Teko*. O que é o *Teko*? O *Teko* é um modo de ser, o modo de estar no mundo e o modo de enxergar o mundo. Esse *Teko* é algo que existe, mas que sempre está em movimento. Esse *Teko* vai sempre depender das relações, vai depender também das relações na qual aquele corpo está inserido. O corpo como se fosse a casa, o corpo como uma estrutura que acompanha o processo contínuo de equilíbrio do *Nhe'ẽ*, que seria o equilíbrio do próprio ser, do nosso próprio espírito que é o fundamental, aquele que a gente não enxerga.

É nessa narrativa que a gente entende como a história da *Nhandesy* explica que nós, seres humanos, não somos seres perfeitos. Nós somos seres equivocados, e por isso que a gente precisa encontrar o outro, compreender o outro, para a gente se equilibrar. Por isso a importância do indivíduo e também do coletivo. Eu costumo dizer o seguinte: existe coletivo e indivíduo, a importância do indivíduo para o coletivo e a importância do coletivo para o indivíduo. Também existe esse encontro. Então, por isso que eu acredito que o *Teko* é um processo que depende do entorno humano e não humano. A gente não depende só das pessoas, a gente depende do humano e do não humano que faz parte do nosso *Teko*. O *Teko* explica muito isso. E essa história da *Nhandesy* e do *Nhanderu* explica as funções e as limitações de cada ser e como a gente pode levar adiante esse *Teko*.

Como eu falei, o *Teko* é o modo de ser, modo de estar no mundo, modo de enxergar as coisas, e o *Teko* depende do *Tape*, do caminho. O caminho para gente é muito importante. É como se tivesse um caminho. *Teko*, na verdade, tem o seu caminho, que é o *Tape*, e também tem a sua caminhada. O caminhar a gente chama de *Guata*. O que é *Guata*? Quando você caminha, para nós, Guarani, a gente fala que está caminhando para frente. A gente sempre olha para frente, então o caminho depende do *Tenonde*. Na verdade, o caminho, o *Tape*, depende do olhar para frente que é o *Tenonde*. Enquanto Guarani, nós temos essa ideia de que o *Tape*, que é o caminho, é imprevisível, e pra gente lidar com o imprevisível das coisas, com o que pode acontecer no caminho, a gente precisa preparar o nosso *Teko*, a nossa escuta, a nossa forma de se encontrar com outro. A gente precisa saber lidar com o imprevisível que a gente vai encontrar no caminho.

O que acontece pensando nesses imprevisíveis que a gente pode encontrar no caminho é que vão vir várias regras e normas dentro da própria comunidade, através do ritual. Por exemplo: os meninos Guarani (isso é de um modo geral), quando eles estão no período de engrossar a voz, eles vão fazer vários rituais de passagem para adulto, em que eles vão levar/trazer para cada um a sua responsabilidade, como lidar com o outro através da dança, do plantio, da construção de casa, através das regras que eles vão receber de ter que acordar cedo, dormir em determinado horário... E para isso existem outros mais velhos, outros anciãos que vão orientar eles para esse equilíbrio de tolerância, de saber escutar. Por isso que os homens Guarani que passam por estes rituais têm um jeito de ser "de escuta". A maioria deles fala muito baixo, a maior parte deles tem a cabeça baixa, escutam. Isso não é de um dia para o outro, isso é um processo de eles fazerem esse encantamento durante três anos, que é o tempo para eles pegarem esse jeito de ser, para que eles tenham essa tolerância de escuta, paciência, de aprender a falar baixo, aprender a falar em determinado horário.

As mulheres também, só que as mulheres já têm mais cuidado com seu próprio corpo. Então, o que é o corpo? As mulheres vão ter a partir do sangramento, e por isso para nós Guarani é muito importante o período menstrual, esse cuidado. Tem um ritual: a gente tem essa sabedoria de tomar tal chá, como se comportar, como cuidar do próprio corpo. Então, tem várias outras restrições em questão da alimentação, do espaço que a gente não pode frequentar. Por exemplo: o lugar que está muito frio, ou o lugar que é muito quente, ou o lugar que tem muito vento. Tudo isso a gente vai fazendo durante esse período das mulheres em cada menstruação.

Mas essas regras vêm a partir da própria narrativa que explica e organiza essas regras, esse sistema Guarani. Por isso é muito importante a história da *Nhandesy*, que fundamenta todo o sistema para nós, Guarani. Então, é super importante a história da *Nhandesy*, que é a história da nossa mãe. E quando se trata sobre essa questão no lugar acadêmico ou em outro sistema, geralmente ela não é citada, a *Nhandesy*. Atualmente ela é mais esquecida, e isso pode gerar risco para a gente, inclusive esse desrespeito pode trazer depois questões das mulheres, sobre não escutar e acreditar que só existe a versão dos homens, e que só existe o *Nhanderu*. Então, essa é uma questão importante e tem que ser questionada, e é o que eu venho fazendo durante a minha caminhada.

A: Que bom, Sandra! Sempre muito bom te ouvir. Me deu vontade de te ouvir falando um pouquinho mais da perspectiva da memória ancestral dentro de toda a cosmovisão Guarani. Como se dá essa relação com a memória ancestral? A construção dessa memória está vinculada a essa história de

Nhandesy e *Nhanderu* que você traz? Como se dá essa relação de vínculo com a ancestralidade? Nos conte um pouco mais dos rituais na cultura Guarani. Como é que isso vai se dando no processo comunitário coletivo?

S: Na verdade, isso é uma coisa muito complexa, mas eu vou dar um exemplo muito rápido sobre essa questão de humano e não humano. Para nós, Guarani, por exemplo, esse processo da ancestralidade, para permanecer essa ideia de ancestralidade, para continuar reproduzindo esse conhecimento ancestral, essa memória, ela está muito presente no fazer. O que é o fazer? Segundo as mulheres mais velhas, a Terra é como se fosse um berço dos seres da terra. Tudo que existe na Terra serve como um berço. E esse berço é o corpo da *Nhandesy*, como se estivesse estendido. Esse corpo que é *Nhandesy*, que a gente chama de Terra, é a própria mãe, é a nossa mãe.

Por isso a importância dos homens, quando eles vão caçar, quando eles vão cantar, quando eles vão buscar algo de matéria-prima para fazer casa, que vão fazer ritual para pedir para o *Iwy rupa idjara*. O que é *Iwy rupa idjara*? Todas as coisas, para nós, têm os seus espíritos. O ritual que eles vão fazer é para pedir para o espírito desses elementos que estão em torno da gente, independentemente do humano e não humano, pedir para que eles tragam, que eles vão pegar aquele elemento para consumo e por necessidade, e não chegar e fazer de qualquer maneira. Por quê? Porque eles falam que geralmente os homens sabem disso, os homens têm que aprender isso e é nos rituais que eles vão aprender isso. Por isso a importância dos rituais de passagem. E aí eles vão pedir para os *Iwy rupa idjara* não se desencantarem. Pois eles falam que, por exemplo, o rio tem água nascente. Quando tem alguma nascente, todas as crianças, esses meninos, essas meninas, eles têm que saber lidar, saber como chegar ali para entrar, saber como sair. Então, a gente vai fazer ritual para aquele lugar para que o espírito não se desencante, pois falavam que se o espírito daquela nascente se desencantar, eles podem se mudar. E quantos já se mudaram, já desencantaram! Hoje a gente vê as minas, as águas nascentes secando. Hoje eu pude entender por que eles falavam isso. E aí a gente tem esses rituais de caçar, pescar, buscar matérias-primas para fazer casa ou cantar na colheita. Por isso os seres não humanos são muito importantes também para continuar em nossos saberes, tanto masculino quanto feminino. Então, eu sempre busco dizer que se o nosso *Teko* está frágil é porque talvez faltem várias coisas. A nossa fortaleza, na verdade, não é só humano, o outro humano: são também os seres não humanos.

A: Sim! E quando você fala dessa fragilidade do *Teko*, quando o *Teko* está frágil e fraco, me veio agora a sensação desse nosso momento, de que a gente está vivendo com a Terra essa pandemia, essa relação com a covid-19. Como está sendo a leitura dos Guaranis sobre a relação com essa pandemia e esse momento histórico de saúde pública que estamos vivendo?

S: Eu ouvia muito, desde pequena, que os nossos avós falavam dessa preocupação, que um dia nós teríamos dificuldade de dar continuidade ao nosso bem-estar, que seria o nosso *Teko porã*. E o que é o nosso *Teko porã*? *Teko porã* é o nosso bem-estar. Então, o *Teko porã* depende do equilíbrio de todos os seres da Terra, entre nós, enquanto ser humano e não humano. Hoje a gente está muito frágil e as gerações novas estão muito frágeis por conta desses desencantamentos, pois existem vários desencantamentos no nosso meio. Mas, o que se desencantou? A própria Terra está um pouco desencantada, né? Quando a Terra está desencantada, quando está triste, a nossa mãe está triste, ela não está bem. Se a Terra não está bem, a gente também não vai estar bem. Nós estamos muito fragilizados hoje, e eu sempre busco falar que isso é importante saber, e que nós Guarani sabemos disso. A questão mais grave é que os não Guarani, a sociedade não indígena, que tem essa ideia desse pensamento hegemônico, de que existe um único saber, eles não sabem desse desencanto. E o mais triste é isso, de achar que está sabendo, mas não está sabendo. E nós sempre vimos e vivemos alertando essas ideias, de que um dia a gente não vai poder mais ver essa alegria dos nossos filhos.

E é por isso que, enquanto Guarani, a gente sempre fazia esse alerta educativo, porque narrar, contar a memória ancestral para as próximas gerações é, na verdade, alertar e levar essa ideia de dar continuidade ao bem-estar de todos. Mas só que não acontece isso. Geralmente nós somos muito poucos, enquanto indígenas, e somos muito pouco ouvidos de modo geral. Eu acho que isso é um pouco lamentável, mas eu diria que eu não estou triste, eu não me sinto fragilizada, porque eu sei muito bem o que está acontecendo e nós sabemos disso. É triste, e a minha avó falava isso, da gente não respeitar o espírito da pedra. O espírito da pedra vai desencantar, e quando se desencantar vai fazer mal para as pessoas que não têm nada a ver com isso. Vai fazer mal para as pessoas que não são aquelas que provocaram esses desencantamentos. E é mais ou menos isso que acontece com a gente.

Eu acho que, hoje, a pandemia traz muitas dificuldades para muitos parentes, e muitos anciões, principalmente, estão morrendo, e isso é que é a tristeza, estão levando os anciões e anciãs que são a nossa base de força. Na verdade, a resistência está nesses anciões e anciãs, que estão indo por causa dessa pandemia também. Eu acho um pouco triste, neste sentido, mas nós sabemos o que está acontecendo, sabemos o motivo e porque isso acontece. É super importante para a gente tentar seguir outros caminhos, como eu falei no começo; da gente saber lidar com os imprevisíveis que acontecem no caminho – e com o pensamento do branco hegemônico que não sabe, não consegue lidar com o que já está desencantado. Mas resolver o que já está desencantado é bem difícil.

A: E, Sandra, na perspectiva Guarani, quais são os caminhos da conexão com o reencantamento da vida? Como cultivar e como reencantar os seres, a vida, como um todo?

S: Eu acredito que para a gente se reencantar, para a gente se conectar e saber lidar com esses imprevisíveis, é o que a gente está fazendo neste encontro: escutar, conversar, se encantar, entender, compreender independentemente daquilo que a gente não sabe. Eu costumo falar que compreender e fortalecer aquilo que é importante para aquele grupo maior ou menor – não importa – é importante. Eu vou dar um exemplo que eu sempre busco falar sobre essa questão. Para nós, Guarani, não existe divisão de espaço, existe divisão de pessoas, de grupos. Então, o que é a fronteira? Para a gente, a fronteira é a diferença do outro. E há limitações também, e é por isso que nós, Guarani, falamos que a Terra é para todos. Não é "essa aqui é Paraguai", "essa aqui é Brasil", "essa é Uruguai". Isso quem colocou foi o pensamento hegemônico dos próprios brancos, não fomos nós. Nós apenas estamos ali para viver e para ter a nossa força enquanto diferentes, um do outro. A gente precisa de espaço e por isso que o espaço para nós é sagrado. O espaço para nós é para viver, para fortalecer o outro. E quando a gente não consegue viver perto do outro, a gente escolhe onde a gente vai viver para fortalecer o nosso ser e não estarmos todos juntos no mesmo lugar. Com toda a diferença que existe, mas não é o tempo todo, cada um vai querer ter seu próprio espaço para produzir o seu modo de ser. Isso é muito importante, e isso requer espaço.

É por isso que, hoje, os *juruás*, os brancos, limitam tudo, separam tudo, dividem tudo, e a gente não tem condição de reproduzir o nosso conhecimento enquanto grupo. Por exemplo: nós, Guarani, somos da floresta da Mata Atlântica, e nossa alimentação é tudo de água doce, a gente come peixe de água doce, a gente come tudo da floresta, palmito, milho, essas coisas são o nosso básico da alimentação. E os Tupiniquim – eu vou falar dos Tupiniquim porque são os meus parentes com os quais eu convivi muito tempo, no estado do Espírito Santo –, existe Tupiniquim Guarani, que eu tenho mais conhecimento, que são os meus parentes Tupiniquim. Agora, os Tupiniquim já comem mais frutos do mar, eles gostam de caranguejo, gostam mais de tudo que é fruto do mar, coisas que não são do nosso costume. Aí é que está a diferença, não dá para a gente colocar no mesmo lugar só porque é indígena, porque existem sistemas de alimentação, costumes diferentes, porque eles são do litoral, da beira do mar, sempre viveram ali. Nós não, nós já somos da floresta. Por isso que existe essa diferença, e para a gente fortalecer os Tupiniquim e os Guarani requer outro espaço. Não é o mesmo espaço. Por isso que na nossa visão indígena, de modo geral, é da terra para todos. A divisão, a fronteira, existe para nós na nossa diferença de costumes.

A: Que bom, Sandra, ouvir sobre essas peculiaridades e essa relação de vocês com a natureza, com a terra, com os elementos, com os seres. Vou trazer, para a gente ir fechando essa conversa, uma última pergunta: Qual a maior dificuldade que você vem encontrando no universo acadêmico e como você está lidando com isso? Acho importante trazer isso, pois é um lugar que você está atuando, é um lugar no qual você escolheu, de alguma maneira, colocar a sua presença e fazer esse diálogo, essa ponte. Então, quais são as dificuldades que você está encontrando nesse caminho e quais são os lugares que também estão se abrindo a partir desse espaço das universidades?

S: A dificuldade é que já vem essa noção de entendimento do mundo e isso já é uma coisa muito complexa. Eu, enquanto mãe, enquanto mulher, enquanto mulher Guarani, eu tenho uma dificuldade, e talvez outra mulher tenha outra dificuldade. Seria voltando à relação com o Corpo Território que eu costumo trazer essa complexidade das coisas. O Corpo Território vai depender da forma como a pessoa se insere, do lugar que essa pessoa se insere e a forma do processo da caminhada da pessoa. São diferentes trajetórias e experiências. Talvez um Corpo Território para o Tupiniquim seja uma questão, uma perspectiva, e para o Guarani seja outra. Então, isso a gente vai enxergando a partir do momento em que a gente olha para a nossa experiência como indivíduo, para a nossa memória, para trazer a nossa memória. Eu costumo trazer e acordar a memória desde criancinha, como o que a gente está fazendo aqui, hoje; pensar e desenhar aquela memória, aí você vai se entender enquanto ser, o porquê de você estar aqui. E eu costumo dizer o seguinte: a gente conhece o outro a partir de nós, a partir da nossa experiência. A gente consegue identificar a diferença a partir de nós mesmos, a partir da nossa memória.

E voltando para essa questão da própria universidade, preciso entrar no sistema para poder questionar. Infelizmente é assim que funciona esse sistema. Mas, como eu costumo dizer: a gente é capturada em determinado momento, então a gente tem que ter esse jogo de vai e vem, pois muitas vezes quando eu volto para a aldeia os meus parentes falam assim para mim: "nossa, você fala alto", "você fala muito". Nosso costume Guarani não é falar muito, mas eu precisei falar muito, precisei falar alto, pois se eu continuar do jeitinho Guarani, como na aldeia, aqui eu nunca vou ser ouvida, eu nunca vou ter a minha vez de falar e eu preciso entrar nesse sistema, pegar um pouquinho o *Teko* dos *juruás* da academia para poder entrar e também questionar e não ser apagada nesse espaço. Hoje eu me vejo como se eu estivesse entre cidade e aldeia, mas eu não estou nem na aldeia, nem na cidade, eu estou entre. E isso é outro processo que eu já comecei a construir a partir da minha própria trajetória. Na verdade, seria já um outro Corpo Território.

A: Que bom, Sandra, que sua trajetória, sua experiência está nos oferecendo este diálogo! E o quanto você vem nos encantando e trazendo essa força da sabedoria ancestral, dando essas aberturas de mundos para a gente também! Que bom que você está se exercitando nesse caminho do entre, nós agradecemos muito por você exercitar esse espaço, pois você vem nos nutrir e nos trazer uma outra possibilidade da gente tecer mundos, costurar mundos, e aí a gente vai construindo outros caminhos de *Teko*.

S: *Teko* é um processo. Tudo é um processo, experiência. *Teko* é um processo, ele não é fixo, ele está sempre em movimento. O meu *Teko* agora é o do entre esses dois mundos. Mas não é fácil. Isso também traz constantes conflitos. Não é uma questão fácil, às vezes dá tristeza, às vezes traz conflito, às vezes traz revolta, às vezes traz alegria também. Não é só coisa negativa, mas você precisa lidar com o seu *Nhe'ẽ*, com seu espírito.

A: Muito grata, Sandra, por esta conversa tão precisa e preciosa!

DE

PRÁTICA

5.

como está acontecendo agora a expressão do que está dentro de você? de que maneira o ambiente fora do corpo, o que está ao seu redor, afeta o que você sente ser o dentro? pegue uma folha de papel e corte algumas tiras no formato de retângulos. cole a ponta de um retângulo no outro, criando uma faixa de papel com as pontas abertas. aproxime as pontas da faixa, sem colar, de modo a fechar um círculo. segure com uma das mãos esta união das pontas, e com a outra mão passeie pelas superfícies de dentro e de fora do círculo, percebendo as fronteiras bem definidas entre o que é dentro e o que é fora.

ESCRITA

distancie um pouco as pontas da faixa, desfazendo o círculo. torça um dos lados da faixa e una novamente as pontas, colando-as assim - com um dos lados retorcidos. passeie novamente com as pontas dos dedos sobre as superfícies e perceba a indissociabilidade entre dentro-fora:

eis uma fita de moebius.
releia as perguntas feitas no início desta prática e escreva na fita a reverberação que essas perguntas causam em você. após escrever, dance com essa fita moébidica no espaço.

DANÇADA

DRAMATURGIA MOÉBIDICA: A ARTE DE ENQUANTAR TESSITURAS

Lígia Tourinho

As coisas sem importância são bens de poesia
(Manoel de Barros)

Antes de tudo, o começo. Cada texto se faz em seu contexto. Este, em especial, conta como se deu a dramaturgia dos produtos "gestados" durante a residência artística "Lab Corpo Palavra: coreografias e dramaturgias cartográficas", realizada no primeiro semestre de 2021. Geralmente processos de residência artística têm a experiência como um de seus principais agentes. Experiência, neste caso, guiada pelas notas de Larossa (2014), pelos princípios da receptividade, da abertura e da disponibilidade, sem precisar estar vinculada ao dogmatismo, aos saberes prévios, às conotações empíricas e experimentais, e nem à prática. A experiência como descoberta a partir da fragilidade e vulnerabilidade. Pouca coisa está dada e muito se faz a partir do encontro e do que se vive durante o deslocamento de se residir fora do seu espaço habitual para criar.

> A experiência seria o modo de habitar o mundo de um ser que existe, de um ser que não tem outro ser, outra essência, além da sua própria existência corporal, finita, encarnada, no tempo e no espaço, com outros. E a existência, como a vida, não pode ser conceitualizada porque sempre escapa a qualquer determinação, porque é, nela mesma, um excesso, um transbordamento, porque é nela mesma possibilidade, criação, invenção, acontecimento. Talvez por isso se trata de manter a experiência como uma palavra e não fazer dela um conceito, trata-se de nomeá-la com uma palavra e não de determiná-la como conceito. Porque os conceitos

> dizem o que dizem, mas as palavras dizem o que dizem e, além disso, mais outra coisa, e além disso uma coisa para você e outra coisa para mim, e uma coisa hoje e outra amanhã, e uma coisa aqui e outra ali, e não se define por sua determinação e sim por sua indeterminação, por sua abertura (LAROSSA, 2014, pp. 444-445).

Esta residência artística se deu no aplicativo de reuniões virtuais Zoom durante o momento mais duro da pandemia de covid-19. Ela foi viabilizada pelo edital do Fomento a todas as Artes do Rio de Janeiro, via Lei Aldir Blanc. À época estávamos totalmente fora de nossos hábitos e, apesar de em casa, fora de nossos espaços de conforto e aprendendo a reduzir nossos locais de ação para o ambiente íntimo de nossos lares. Cada pessoa era voluntariamente prisioneira de sua própria residência em função do isolamento social tão necessário nos tempos desta pandemia. E isso nos colocou em deslocamento dos nossos espaços habituais de criação. Nossos lares se transformaram em residências artísticas.

Cada janela do Zoom era um portal para a alteridade, para o encontro com outras pessoas. O Zoom era uma residência virtual. Cada janela apresentava um enigma para se vislumbrar outras possibilidades de existência. Revelar-se através da janela virtual era também uma oportunidade de demarcar o que de você seria apresentado e partilhado e o que não entraria naqueles retângulos virtuais de criação. Esta foi uma experiência totalmente nova, que nos desafiou a reinventar nossas rotinas e repensar nossas dinâmicas usuais de sobrevivência.

O "Lab Corpo Palavra: coreografias e dramaturgias cartográficas" foi um projeto concebido por Aline Bernardi para ser realizado durante o isolamento social. A ideia do Lab Corpo Palavra, autoexplicativa em seu nome, é promover uma experiência artístico-pedagógica, que se propõe a investigar as interseções entre o corpo e a palavra em uma perspectiva cartográfica. Relacionando vida-arte-vida de forma indivisível e oferecendo dinâmicas que convidam a uma prática de modulação das conectividades entre presença corporal, movimento, pensamento, leitura e escrita, a proposta tem como base desvelar qualidades de movimento e produção-processo daquilo que Bernardi (2022) chama de (des)conhecimento.

(Des)conhecimento esse que se dá a partir do entendimento sobre experiência apresentado no início deste texto. Não há nenhum compromisso informativo e tão pouco profissionalizante ou especialista com esta proposta. Ela se dá por outra via, sem se comprometer a atribuir valores e bens, metas e fins, conteúdos e informações, atendo-se a estar em integração com o corpo e a palavra. Assim como nos afirma o poeta Manoel de Barros (2014), em seu poema "Matéria de poesia": "As coisas que não levam a nada têm grande importância".

O Lab Corpo Palavra tem atuado em diferentes espaços formais e não formais de educação e pesquisa artística, públicos e privados, presenciais e remotos. Já foi realizado em diferentes formatos: cursos modulares, facilitação de processos individuais ou de grupos, processos formativos e de criação artística. Para esta residência foi proposto um percurso formativo com criação artística. Não se sabia exatamente o que seria produzido a partir dali, mas certamente algo resultaria dessa experiência. Foram selecionadas 33 pessoas de diferentes localidades do país, convidadas a vivenciar um processo em torno da experiência de uma quarentena estendida.

Eram pessoas de idades variadas entre 17 e 55 anos. A maior parte do grupo foi formada por mulheres, mas tínhamos alguns homens cis e outros gays e pessoas não binárias. Nem todas as pessoas eram artistas. Muitas estavam na cidade do Rio de Janeiro, algumas no estado do Rio e outras de outras quatro regiões do Brasil. Algumas estavam em seus apartamentos, outras em regiões rurais, outras próximas ao mar. Tínhamos pessoas convivendo com crianças, outras também com idosos e outras vivendo só. Cada janela virtual era o portal para um infinito particular, como a canção de Marisa Monte.

Durante a residência, as atividades eram prioritariamente divididas entre vivências do Lab Corpo Palavra organizadas em dois módulos formativos; palestras com pessoas que apresentaram suas pesquisas pessoais, envolvendo as relações entre corpo e palavra e que influenciaram Aline Bernardi na estruturação do Lab Corpo Palavra; e encontros de criação com toda a equipe artística.

As vivências do Lab Corpo Palavra foram mediadas por Aline Bernardi. As palestras foram realizadas por Hélia Borges, Maria Alice Poppe, Sandra Benites, Ondjaki, Ana Kfouri, Katya Gualter, Soraya Jorge, Ruth Torralba, Lidia Larangeira e Ciane Fernandes e todas se transformaram em textos que constituem este livro. Os encontros de criação eram conduzidos por uma equipe multidisciplinar composta por Aline Bernardi, na direção artística e concepção, eu, na dramaturgia, e Julio Stotz, no audiovisual[1].

Como assinar as dramaturgias desses trabalhos? Ou, o que seria fazer essas dramaturgias? Um misto de escuta e improvisação. Uma constante conversa feita de muitas tramas e camadas. Éramos ali pessoas presentes no mesmo espaço virtual, movendo suas corporeidades e delas fazendo surgir movimentos, imagens e palavras, lidando com as materialidades de nossos lares, com o ordinário de nossos cotidianos e encontrando poesia na simplicidade dos fundos de nossas panelas, no mundo visto a partir de nossas janelas, na poesia da tampa de um álcool gel, cientes de que a resiliência era substrato de sobrevivência e matéria de criação.

Entendendo, também, que o ato de ler este texto e tocar nessas folhas de papel é experiência e que nela está contida uma camada fundamental de um saber em interlocução entre quem escreve e quem lê: duas ou mais pessoas ancoradas em diferentes temporalidades, eu e você, ou vocês. O seu presente de pessoa que lê se dá na minha ação passada de escrita. O meu presente de pessoa que escreve é sobre uma lembrança, uma experiência passada. Nossas experiências de temporalidades desencontradas se cruzam no ato de sua leitura e nos fazem projetar e prospectar sobre nossas futuridades possíveis, sobre dramaturgias dessa experiência que podem [des]orientar dramaturgias futuras.

Dramaturgia, a arte de fazer drama, de criar narrativas através da ação. A dramaturgia está intimamente ligada à arte de contar histórias e narrar feitos, ela tem esse poder de nos conectar a temporalidades desencontradas e é uma de nossas mais antigas experiências constitutivas. As narrativas que lemos, testemunhamos, assistimos e ouvimos são fazedoras de quem

1 O programa completo da residência artística com a ficha técnica pode ser conferido no link: <https://issuu.com/contato.alinebernardi/docs/revista_lab_2021>. Acesso em 01 maio 2023.

somos, e a partir dela prospectamos modos de existência. A arte de narrar e de partilhar experiências é uma das ancoragens ancestrais do nosso modo de estar no mundo, e é uma das coisas que nos faz ser humanidade.

Cada coisa ordinária é um elemento de estima
(Manoel de Barros)

Lab Corpo Palavra e a perspectiva moébidica

Todos os caminhos – nenhum caminho
Muitos caminhos – nenhum caminho
Nenhum caminho – a maldição dos poetas.
(Manoel de Barros)

Segundo Bernardi (2022) o Lab Corpo Palavra joga com a desestabilização da escrita já codificada, oferecendo uma percepção sobre a escrita como a grafia de nossa presença no mundo. Sendo assim, trabalha numa perspectiva de (des)aprendizagem, friccionando o paradoxo do acerto e do erro. A experiência da escrita no Lab Corpo Palavra torna-se devir, é cartográfica e nos convida a vivenciar outras possibilidades de relação entre o corpo e a palavra, experimentando as possibilidades de mover enquanto escreve, ler movendo e se movendo para ler e/ou escrever.

A imagem e o conceito da Fita de Moebius nos auxilia a tomar consciência de que a escrita é movimento e compreender o processo da escrita fora de uma lógica convencional. Foi criada pelo matemático e astrônomo alemão August Ferdinand Möbius. Sua forma é o símbolo do infinito e sua feitura é muito simples: com uma tira de papel, podemos girar uma de suas pontas e juntar os dois extremos, tornando impossível determinar qual é a parte de cima e a de baixo, bem como a de dentro e a de fora. Além de colaborar para os estudos de orientação e posicionamento geométrico, a fita de Möbius se fez importante para o desenvolvimento do conceito de continuidade.

Assim como na fita não há lados dicotômicos, escrever, ler e mover se dão em continuidade e estão integrados no Lab Corpo Palavra. Não se afirmam como oposição, como duas faces de um fazer, e sim como trânsitos entre perspectivas e posicionamentos de quem escreve e de quem lê, convocando um engajamento de toda a corporeidade para agir nesta escrita. Uma das experiências laboratoriais propostas por Aline Bernardi durante a residência foi a confecção da Fita de Moebius. Ela se deu durante leituras em movimento de trechos do livro de Suely Rolnik *Esferas da insurreição: notas para uma vida não cafetinada* (2018), enquanto as pessoas eram convidadas a criar escritas de palavras-traços-letras-desenhos-frases na superfície moébidica e perceber a permeabilidade entre os dois lados. Bernardi (2016, p. 56) define esta experiência como vertiginosa e desassossegante!

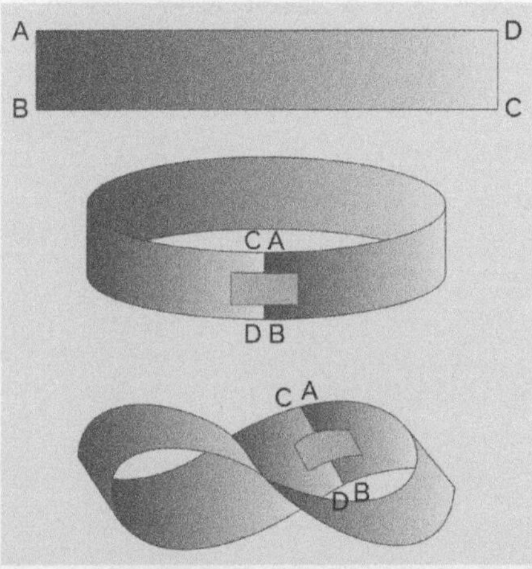

FIGURA 1. FONTE: <HTTPS://CIENCIAHOJE.ORG.BR/ARTIGO/COMO-A-FITA-DE-MOBIUS-DESAFIA-O-SENSO-COMUM/>. ACESSO EM 06 MAIO 2023.

> A Fita de Moebius é uma das estruturas conceituais e uma ferramenta pedagógica que permite o esforço que venho lapidando para constituir o Lab Corpo Palavra como uma pedagogia moébidica. Ou seja, uma encruzilhada de direções possíveis dos gestos de ler-escrever-falar onde não há a categoria nem a avaliação de "caminho errado", o que há é um conjunto de errâncias que compõem o aprendizado. O que há é um jogo de alternância entre as possibilidades que se apresentam como dobras das relações entre o sentir-pensar-mover (BERNARDI, 2022, p. 57).

O Lab Corpo Palavra adota uma pedagogia moébidica, desenvolvida em diálogo com o conceito de pedagogia da encruzilhada, desenvolvidos por Luiz Antonio Simas e Luiz Rufino (2019). A originalidade radical dessas ideias parte do

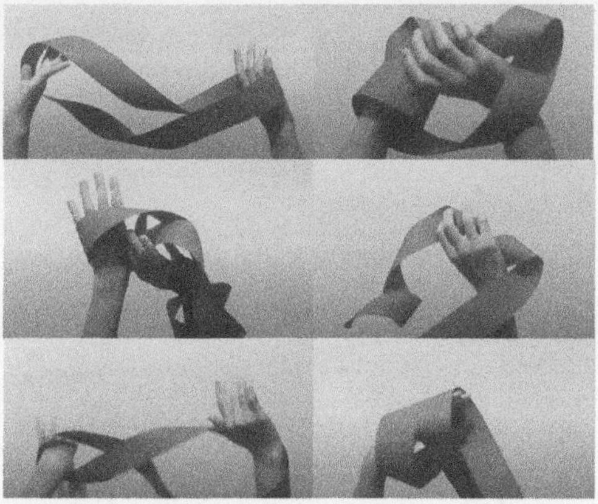

FIGURA 2. PRÁTICA DO LAB CORPO PALAVRA COM A FITA DE MOEBIUS.
FONTE: ARQUIVO DO LAB CORPO PALAVRA

pressuposto de que conhecimento só se adquire com a experiência, oferecendo um balaio que cria uma trama entre conhecimento, educação, ética e cultura, questionando a racionalidade cartesiana e eurocêntrica como único projeto de mundo possível. Esta pedagogia é uma proposição alternativa para a educação brasileira a partir de saberes afro-brasileiros centralizada na figura iorubá de Exu. A pedagogia da encruzilhada revela que não há um paradigma monoepistêmico reinante no modo de produzir conhecimento científico, e propõe outras perspectivas para o encontro de saberes dentro/fora das universidades.

Dramaturgia moébidica

> – *Imagens são palavras que nos faltaram.*
> (Manoel de Barros)

De forma clássica, o termo dramaturgia esteve associado a um tipo de relação entre o corpo e a palavra, à literatura dramática, ao texto teatral escrito para ser encenado. Traçando um paralelo com a visão de Rufino e Simas (2019) sobre o pensamento clássico e hegemônico, seria esta uma relação entre o corpo e a palavra pautada na racionalidade cartesiana e eurocêntrica como único projeto de mundo possível.

A partir da reteatralização[2], das diversas poéticas das artes da cena em ebulição no início do século XX, o termo dramaturgia foi sendo compreendido de outra forma, para além das fronteiras do

2 Movimento de renovação teatral do início do século XX impulsionado pelo advento do cinema, que resgatou a importância da ação, do gesto, da corporeidade das atrizes e atores e da presença.

que se entendia como teatro clássico, passando a fazer parte das diversas artes da cena e do que chamamos hoje de cena expandida:

> aquela que não se circunscreve apenas ao fazer teatral, como àquele associado aos modos de produção e recepção teatrais convencionais, mas também se articula diretamente a áreas artísticas distintas, em uma espécie de convergência que tangencia conhecimentos oriundos das artes cênicas, visuais, das mídias audiovisuais, da performance, da dança, da literatura, da fotografia (MONTEIRO, 2016, p. 40).

A dramaturgia se expandiu para além das fronteiras da literatura dramática e se consolidou como plural, múltipla, infinita em possibilidades tão incessantes quanto os possíveis processos de criação nas artes da cena. No que diz respeito às poéticas do corpo e à arte da dança, a(s) dramaturgia(s) também trilharam um percurso conceitual próprio.

> A dramaturgia da dança é uma disciplina e profissão relativamente jovem. O primeiro dramaturgo de dança oficial na Europa foi Raimund Hoghe, o qual foi creditado nessa função com Pina Bausch em 1979. Logo depois, outras figuras icônicas da primeira geração se seguiram, tais como Marianne Van Kerkhoven com Anne Teresa De Keersmaeker ou Heidi Gilpin com William Forsythe. Uma influente definição de dramaturgia a define como a organização das ações da performance, o 'entrelaçamento' dos diferentes e frequentemente multidisciplinares segmentos do trabalho. Entende-se que o pensamento e as estratégias dramatúrgicas contribuem para a qualidade do trabalho, sua legibilidade e acessibilidade. Como na maioria das vezes não há texto ou roteiro dos quais partir, a dramaturgia da dança, que é frequentemente definida como "dramaturgia aberta", é muito mais orientada pelo

> processo e baseia-se em habilidades dialógicas e na capacidade de estimular a dinâmica e o intercâmbio de grupos (COOLS, 2019, p. 54).

Falar sobre dramaturgia é sempre um desafio, porque de fato este é um termo muito plástico. A dramaturgia de um projeto como o Lab Corpo Palavra, diverso em tantos aspectos, nos coloca diante de alguns atravessamentos. A dramaturgia no Lab Corpo Palavra se faz na encruzilhada (SIMAS; RUFINO, 2019), é uma dramaturgia moébidica que se presentifica conforme a experiência de criação é mobilizada entre corporeidades. Durante o Lab Corpo Palavra articulamos proposições diárias, às vezes mais de uma por integrante, colocando toda a equipe de criação diante de um Estado Móvel[3]: multifocado e articulando gradações de tempo, pensamento e intuição agindo simultaneamente na organização e no desdobramento desses materiais.

> Sendo assim podemos afirmar a presença dos processos de desassossegos nas grafias, coreografias, dramaturgias, escritas e poéticas cartográficas. O aspecto do inacabado nos leva à sensação labiríntica da pesquisa cartográfica, fissurando e rompendo com a construção do pensamento como sinônimo de ideia formulada enquanto fundamento, que precisa ser verificado enquanto uma verdade a partir de hipóteses levantadas. O pensamento-movimento enquanto fluxo contínuo em ação promove perturbações infinitas e desestabiliza o comodismo instaurado nos processos cognitivos sustentados pelo cogito cartesiano a partir da lógica racionalista. O desajuste da lógica como premissa racional está inserido na potência de restauração da experiência com as sensorialidades (BERNARDI, 2021, p. 52)

3 Conforme a Teoria dos Esforços de Laban, o Estado Móvel reúne variações dos fatores de movimento Espaço e Tempo.

Questões de autoria e a arte de enquantar como traço dramatúrgico

Uma das primeiras ações para se trabalhar a dramaturgia desta residência do Lab Corpo Palavra foi abrir espaços para a escuta, para a experiência: alargar o devir-mover-escrita. Inscrever o movimento e reconhecer nos gestos mínimos e na ilusão de pausa, na paragem, movimento. Insistir em não deixar de escutar em nenhum momento. Ver o outro, perceber suas nuances. Tecer a dramaturgia deste projeto não é sobre idealizar ou assinar a concepção de algo, não é sobre as escolhas da dramaturgista, apesar delas estarem ali afetando a todo o tempo, mas o foco está em perceber os traçados propostos, a pulsão da construção coletiva como um ser que tem suas próprias necessidades.

Em um segundo momento, permanecer junto, porém distante e em afastamento, sem jamais perder o elo com os acontecimentos. Estar dentro de forma diferente, gerindo suas próprias condições para poder escutar e tecer uma ponte com a apreciação dos produtos artísticos gerados pelo processo. A experiência dramatúrgica se dá enquanto o processo se faz.

Bernardi (2021) se utiliza do conceito de enquantar de Neuparth (2014) para abordar a polifonia própria do processo ativado no Lab Corpo Palavra, que se dá simultaneamente enquanto se fala, lê, se move e escreve. Essa poética polifônica se presentifica também enquanto poética dramatúrgica.

> Experimento praticar essa afinação que possibilita o rigor. uma afinação rara, que não se mede por um dispositivo externo à sensação do movimento mas se ajusta no pulsar do próprio movimento enquanto se faz corpo. A afinação de corpo-acontecimento decorre da escuta do brotar de si no encontro com o retorno do que vai sendo mundo. O corpo-acontecimento é a experiência do enquanto. Enquantar é experimentar não ver uma coisa em vez de outra, é versentir as coisas que vão sendo, os seres-estares-fazeres que vão aparecendo. Ver e continuar a ver no visível-sentível enquanto

invisível-sentível. (NEUPARTH apud BERNARDI, 2021, p. 40).

Ao idealizar um projeto, lançamos ele no mundo. Há sempre um aspecto preparado e sonhado, assim como há as lacunas, preenchidas pelas experiências. Esta dramaturgia, apesar de assinada por mim, autora deste texto, foi tecida a muitas mãos, é fruto de um trabalho em coletivo na busca de reencantar-se em tempos tão difíceis, tentando assim propor alternativas para um outro mundo, desejando igualdade de direitos a todas as pessoas envolvidas e liberdade plena para cada uma ser como é.

Quem é mais importante para essa dramaturgia? Provavelmente a pessoa que assinou a dramaturgia é a menos importante delas para esta criação. Ou até mesmo tudo já estava lá antes de seu olhar. Nestas condições, todas as pessoas são responsáveis por esta dramaturgia. Qual seria então o papel da pessoa que assina a dramaturgia destas ações do Lab Corpo Palavra? Seria contribuir com a produção de materiais e o engajamento deles na difusão, exibição e nas reverberações das obras artísticas e do próprio processo criativo? Ou trilhar um diálogo crítico e exigente com as conexões estabelecidas no processo durante as feituras dos roteiros, contribuir com as escolhas dos nomes, com a produção dos textos formativos do projeto, com o levantamento de materiais nos encontros de criação e com os burilamentos das cenas? Dar suporte às questões emergidas nas discussões do grupo, oferecendo material crítico, analítico e referencial teórico, quando necessário? Uma dramaturgia moébidica marcada pela arte de enquantar se ocupa mais das perguntas do que das afirmações, mais com as indefinições do que com os traços definidos. Ela é aberta, como propõe Cools (2019), pautada no diálogo e na capacidade de estimular dinâmicas e trocas.

Esta experiência dramatúrgica de enquantamento também foi capaz de propor o desafio de criar coletivamente em uma plataforma de reuniões virtuais. Olhamos de frente para o nosso isolamento e encontramos no grupo nossa força e sentido de criação, devir esperança de mover. Encontrando formas conscientes e de cuidado de si e do outro que nos permitiu seguir produzindo artisticamente. Cada pessoa em sua casa e coletivamente, em rede e pela rede. Todos os dias estávamos diante das incertezas e da falência das narrativas postas. O mundo de fato parou e nossa única confiança era na força infinita, moébidica, de nossas tramas dramatúrgicas entre corporeidades e palavras.

SOBRE IMPORTÂNCIAS
Uma rã se achava importante
Porque o rio passava nas suas margens.
O rio não teria grande importância para a rã
Porque era o rio que estava ao pé dela.
Pois Pois.
Para um artista aquele ramo de luz sobre uma
lata desterrada no canto de uma rua, talvez
para um
fotógrafo, aquele pingo de sol na lata seja mais
importante do que o esplendor do sol nos ocea-
nos. Pois Pois.
Em Roma, o que mais me chamou atenção foi um
prédio que ficava em frente das pombas.
O prédio era de estilo bizantino do século IX.
Colosso!
Mas eu achei as pombas mais importantes
do que o prédio.
Agora, hoje, eu vi um sabiá pousado
na Cordilheira dos Andes.
Achei o sabiá mais importante
do que a Cordilheira dos Andes.
O pessoal falou: seu olhar é distorcido.
Eu, por certo, não saberei medir a importância
das coisas: alguém sabe?
Eu só queria construir nadeiras para botar nas
minhas palavras.
(Manoel de Barros)

Sobre concretudes: galeria das obras enquantadas

Como convite à experiência, estão disponibilizadas as obras realizadas ao longo desta residência artística, para que a imaginação se faça em imagens e o pensamento dance na ação de enquantar com essas obras.

FIGURA 3. CAPA DO E-BOOK *FORÇAS INTERMOLECULARES*
FONTE: ARQUIVO DO LAB CORPO PALAVRA

FIGURA 4. QR CODE PARA E-BOOK *FORÇAS INTERMOLECULARES*

FIGURA 5. FRAME DA VIDEOPERFORMANCE *ENCANTOGRAFAR*
FONTE: ARQUIVO DO LAB CORPO PALAVRA

FIGURA 6. QR CODE PARA A VIDEOPERFORMANCE *ENCANTOGRAFAR*

FIGURA 7. CAPA DA VIDEOARTE *MÃOEBIUS*
FONTE: ARQUIVO DO LAB CORPO PALAVRA

FIGURA 8. QR CODE DA VIDEOARTE *MÃOEBIUS*

Eis o melhor e o pior de mim
No meu termômetro o meu quilate
Vem, cara, me retrate
Não é impossível
Eu não sou difícil de ler
Faça sua parte
Eu sou daqui, eu não sou de Marte
Vem, cara, me repara
Não vê, 'tá na cara
Eu sou porta-bandeira de mim
Só não se perca ao entrar
No meu infinito particular
Em alguns instantes
Sou pequenina e também gigante
Vem, cara, se declara
O mundo é portátil
Pra quem não tem nada a esconder
Olha minha cara
É só mistério, não tem segredo
Vem cá, não tenha medo
A água é potável
Daqui você pode beber
Só não se perca ao entrar
No meu infinito particular
(Marisa Monte, "Infinito particular")

REFERÊNCIAS

BARROS, Manoel. **Meu quintal é maior do que o mundo**: antologia. Rio de Janeiro: Objetiva, 2015.

BERNARDI, Aline de Oliveira. Lab Corpo Palavra: correspondências moébidicas entre poéticas cartográficas. 2021. 274 f. Dissertação (Mestrado em Dança) - Programa de Pós-Graduação em Dança, **Universidade Federal do Rio de Janeiro**, Rio de Janeiro, 2021.

COOLS, Guy. Sobre dramaturgia da dança. **Cena**, *[S. l.]*, n. 29, pp. 53-63, 2019. DOI: 10.22456/2236-3254.97634. Disponível em: https://seer.ufrgs.br/index.php/cena/article/view/97634. Acesso em 23 maio 2023.

FERNANDES, Ciane. **Dança Cristal**: da arte do movimento à abordagem somático-performativa. Salvador: EDUFBA, 2018.

HASEMAN, Brad. Manifesto pela pesquisa performativa. In: **Seminário de Pesquisas em Andamento SPA/PPGAC/USP** (3.1), 2015, São Paulo. Anais do 5º Spa. São Paulo: PPGAC-ECA/USP, 2015. pp. 41-53.

LAROSSA, Jorge. **Tremores:** escritos sobre experiência. Belo Horizonte: Autêntica, 2014.

MONTEIRO, Gabriela Lírio Gurgel. A cena expandida: alguns pressupostos para o teatro do século XXI. **ARJ** - Art Research Journal: Revista de Pesquisa em Artes, *[S. l.]*, v. 3, n. 1, pp. 37-49, 2016. DOI: 10.36025/arj.v3i1.8427. Disponível em: https://periodicos.ufrn.br/artresearchjournal/article/view/8427. Acesso em 23 maio 2023.

NEUPARTH, Sofia. **Movimento:** escrito em estado de dança. Lisboa: c.e.m. - centro em movimento, 2014.

PASSOS, Eduardo; KASTRUP, Virgínia; ESCÓSSIA, Liliana da (org.). **Pistas do método da cartografia:** intervenção e produção de subjetividade. Porto Alegre: Sulina, 2009.

PASSOS, Eduardo; KASTRUP, Virgínia; TEDESCO, Silvia (org.). Dossiê cartografia: Pistas do Método da Cartografia V II. In: **Fractal** - Revista de Psicologia, v. 25, n. 2, pp. 217-220, maio-ago, 2013.

SIMAS, Luiz Antonio; RUFINO, Luiz. **Fogo no mato:** a ciência encantada das macumbas. Rio de Janeiro: Mórula, 2019.

MIOLO
MÓBILE
* PODE
DOBRAR

BIOGRAFIA CRISTAL: O ROMANCE *BUGRINHA* SOB UMA PERSPECTIVA DA DANÇA-TEATRO

Ciane Fernandes

> [A] metáfora de um texto químico é mais que uma figura de linguagem: o ADN é um longo e delgado conjunto de átomos cuja função, para não dizer a forma, assemelha-se à das letras num livro... As células de nossos corpos realmente extraem uma multiplicidade de sentidos do texto de ADN existente dentro delas (...). Precisamos conceber as espécies como uma forma de literatura, tratá-las como se fossem uma biblioteca de obras valiosas, profundas e importantes (Robert Pollack, 1997, pp. 12-13).

Pesquisa em dança-teatro ou Como escrever com dança?

Em abordagens recentes de pesquisa, tem-se buscado transgredir metodologias quantitativas e qualitativas em prol de uma prática que não apenas ilustre ou aplique princípios e premissas, mas que seja, em si mesma, a forma de fazer descobertas e traçar percursos inovadores de produção de conhecimento. Essas abordagens vêm sendo denominadas de "prática criativa como pesquisa, performance como pesquisa, pesquisa através da prática, pesquisa de estúdio, prática como pesquisa ou pesquisa guiada pela prática" (HASEMAN, 2006, p. 3).

A partir desta perspectiva, nos últimos dez anos venho desenvolvendo a Abordagem Somático-Performativa (FERNANDES, 2018), onde somos guiadas[1] não apenas pela prática, mas principalmente pela prática somática. Esta abordagem vem sendo desenvolvida na atividade Laboratório de Performance do Programa de Pós-Graduação em Artes Cênicas da UFBA (PPGAC/UFBA), em associação com o Coletivo A-FETO de Dança-Teatro da UFBA, com diversas produções, tanto em grupo quanto solo. Entre 2010 e 2014, essas atividades integraram um projeto de pesquisa pelo CNPq (Bolsa Produtividade em Pesquisa PQ-1C), e incluíram viagens de campo em Lençóis/BA (FERNANDES, 2012b), com o apoio do PPGAC/UFBA.

1 Neste texto, uso o feminino plural como opção decolonial ao masculino universal no idioma português, tanto para denominar a pluralidade não binária de gênero na linguagem, quanto para enfatizar a importância do feminino, que é um dos aspectos da obra criada.

Como parte deste projeto de pesquisa, em 2013 recebi o convite de Sueli Seixas, diretora da Casa Afrânio Peixoto, de Lençóis/BA (Fundação Pedro Calmon), para desenvolver obras cênicas a partir de um dos sete romances de Afrânio Peixoto com personagens femininos, a saber: *A esfinge* (1911), *Maria Bonita* (1914), *Fruta do mato* (1920), *Bugrinha* (1922), *As razões do coração* (1925), *Uma mulher como as outras* (1928) e *Sinhazinha* (1929). Assim sendo, o processo criativo de *Bugrinha desde sempre*, descrito neste texto, teve apoio da Fundação Pedro Calmon/ Secretaria Estadual de Cultura da Bahia.

Neste texto, discuto a criação desta obra solo, de cerca de 50 minutos de duração, em 2013, a partir da Abordagem Somático-Performativa (ASP). Vale ressaltar que, enquanto abordagem, a ASP pode ser usada de vários modos, e esclarecerei a seguir dois deles, para diferenciar dois tipos principais de Prática Artística como Pesquisa. Em primeiro lugar, a ASP pode ser utilizada especificamente como modo de explorar os percursos e nuances da pesquisa, mesmo que ela não inclua encenação, intervenção, performance ou algum tipo de criação cênica. Isto porque, enquanto modo de Prática como Pesquisa, seus princípios podem ser utilizados para mover a pesquisa bem como ser (co)movido por ela, dançando e desvendando - corporalizando, materializando e espacializando - suas questões, seus objetivos, suas temáticas, debates, confrontamentos teóricos, aspectos-chave etc. A este desdobramento da ASP denominei Pesquisa Somático-Performativa.

Por outro lado, e talvez até de modo mais fundante (uma vez que a abordagem baseia-se na prática artística), princípios da ASP também podem ser utilizados especificamente como modo de criação cênica a partir da corporeidade no/com o espaço dinâmico. Isto não significa desenvolver um processo criativo isolado (se é que isto existe) e inseri-lo posteriormente num contexto teórico. No contexto da Prática como Pesquisa, é através do e no processo criativo que se descobre, engendra e traça relações específicas (técnicas, temáticas, epistemológicas, biográficas, mitológicas etc.) que estejam sendo pesquisadas na corporeidade dinâmica, criando conhecimentos tácitos em tempo real. Daí a importância de modos de descrever que transitem entre diferentes meios, como dança, sonoridades, imagens e escrita.

No processo criativo de *Bugrinha desde sempre*, associei a obra de dois contemporâneos – Afrânio Peixoto (1876-1947) e Rudolf Laban (1879-1958) – a partir da imagem do cristal, comum à obra dos dois artistas/cientistas. Em seu romance, Peixoto refere-se à Bugrinha como um diamante, em um ambiente rico em cristais, que são tema de vários diálogos. Já as formas cristalinas dos poliedros regulares sustentam a teoria espacial de Laban, como veremos mais adiante. Além disso, este texto dialoga com autoras de campos diversos, a exemplo da Somática (Thomas Hanna, Irmgard Bartenieff, Peggy Hackney, Peter Levine, Janet Adler), da filosofia (Jorge Larrosa Bondía, José Gil, Slavoj Zizek), da psicanálise (Sigmund Freud e Jacques Lacan), entre outras.

A obra de dança-teatro *Bugrinha desde sempre* foi apresentada na Casa Afrânio Peixoto, em Lençóis/BA, nos dias 31 de julho e 02 de agosto de 2013, com criação e performance da autora, e adaptação de texto de Joana Luiza Schaun Schnitman. No caso da dança-teatro, mais especificamente de *Bugrinha desde sempre*, essa adaptação não implica na edição de textos para serem falados em cena, mas sim na seleção e organização do texto para elaboração do roteiro cênico conforme princípios em movimento, a serem esclarecidos neste texto.

Enquanto Brad Haseman inspirou-se na teoria dos atos da linguagem de J. L. Austin (1962) para propor a pesquisa performativa, inspirei-me também nas teorias de movimento de Rudolf Laban e suas discípulas para propor a Abordagem Somático-Performativa. Laban foi um dos pioneiros do que vem sendo denominado, desde os anos de 1970, como Somática (*Somatics*) (HANNA, 1970), e que engloba uma série de técnicas e métodos que abordam o ser humano como um todo dinâmico em seu ambiente, com ênfase nos processos entre impulso e pausa (execução e recuperação), mobilidade e estabilidade, como contrastes que permeiam e constituem a própria vida. O *soma* (o corpo vivido e integrado em todos os níveis) se constitui entre matéria e energia (HANNA, 1976, p. 32), em modos auto-organizados (e imprevisíveis) de desenvolvimento que estimulam a autonomia, a diversidade e a inter-relação, ao invés de enfatizar estilos específicos de dança ou de teatro, ou de formas corretas ou ideais de existência e expressão.

Estes modos auto-organizados são interconectivos, se assemelham a construções geométricas flexíveis - entre rotação, contração e expansão - que vão desde a microconstituição da matéria, das moléculas, passando pelos movimentos públicos, sociais, populacionais (ex. migratórios etc.) até o macromovimento das correntes de diferentes elementos pelo planeta (correntes atmosféricas, percursos hídricos entre lençóis freáticos, rios, lagos, oceanos etc., condensação e diluição aquática, calor, marés etc.), em relação interplanetária, estelar e nos mais diversos sistemas solares e universos. Em suma, tudo se move; e isto acontece num continuum espiralado de transições entre agitação e pausa, mobilidade e estabilidade, em simultaneidades e gradações entre dentro e fora (de cada elemento), centrípeto e centrífugo. Isto nos faz perceber o ser humano como parte de todo um ambiente (interno/externo e nesse *continuum*) em fluxo rítmico que inclui descanso e recuperação, ao invés de sermos o centro agenciador do universo.

Não por acaso, Pina Bausch "não estava muito interessada em como as pessoas se moviam ... [mas] no que as movia..." (SCHMIDT apud SERVOS; WEIGELT, 1984, pp. 15-16). Seu principal mentor fora Kurt Jooss (1901-1979), um dos principais colaboradores de Laban. Apesar de associado principalmente à obra de Pina Bausch, o termo *tanztheater* ou dança-teatro foi usado inicialmente por Laban no começo dos anos de 1920, para denominar a dança como uma forma de arte independente, ao invés de um gênero secundário usado para ilustrar uma ideia (como por exemplo, um *libretto*) ou complementar a cena.

Mas esta autonomia não enfatizava o movimento como algo isolado e puro, e sim a percepção de - e interação com - um "mundo em constante mudança" (HACKNEY, 1998, p. 16), onde a dança pulsa em tudo e todas, como constituinte da vida, em contrastes de sensação-emoção-intenção-intuição (peso-fluxo--foco-tempo) entre espaços internos e externos. Justamente para compor aquela forma de arte autônoma, Laban utilizava o método de improvisação interartística do Tanz-Ton-Wort-Plastik (dança--tom-palavra-plástica), com o uso ou não da voz, com a criação de pequenos poemas ou dançando em silêncio, segundo leis do/em movimento: pulsões ou qualidades expressivas (Eukinetics) em harmonia espacial (Choreutics), em nuances de força e tensão, em balanços e contrastes dinâmicos, criando um "ritmo tridimensional" (LABAN, 1921, p. 55).

Durante o treinamento no Sistema Laban/Bartenieff (FERNANDES, 2006), o corpo explora seu movimento expressivo no espaço tridimensional, em poliedros regulares dinâmicos (criados a partir dos percursos do movimento). Laban expandiu as seis direções do balé em um complexo sistema de dimensões, diagonais e planos, criando, respectivamente, figuras espaciais como o tetraedro, o cubo, o icosaedro e o dodecaedro. Nas chamadas "escalas espaciais" o corpo sempre se move integral e harmonicamente, ou seja, suas partes alternam-se em termos de iniciação e sequenciamento (qual parte inicia e quais partes a seguem), mover e ser movido (pelo espaço, pelo tempo, pelo próprio movimento), ebulição e pausa ("Stir and Stillness"; LABAN, 1984 [1939], p. 68), como em estruturas de espelho.

Além disso, as escalas espaciais possuem associações expressivas a cada ponto no espaço, conforme as gradações dos quatro fatores expressivos (peso, fluxo, foco, tempo) e suas combinações (por ex., subir com leveza e descer com força, na dimensão vertical da escala dimensional do octaedro, também chamada de escala de defesa, relembrando algumas posições das artes marciais ou da esgrima). A ordem de cada uma das muitas escalas espaciais de Laban é determinada por leis que visam ativar o corpo como um todo, harmonizando suas diversas partes entre si e em relação ao espaço tridimensional e à expressividade, expandindo restrições impostas por hábitos repetitivos (geralmente dentro de uma limitada área do espaço e com pequena variação expressiva). As escalas espaciais não constituem em formas corporais a serem imitadas, pois baseiam-se em princípios dinâmicos realizados diferentemente por variadas construções corporais, desafiando-as a experimentarem movimentos para além de suas preferências e condicionamentos limitantes.

Inspirados na conexão entre qualidades expressivas e espaço, energia e matéria, nossa perspectiva implica em "fazer coisas com palavras", no sentido preconizado por Austin, bem como fundamenta-se em mover e ser movido por coisas, palavras, ambientes etc. Isto porque o "fazer coisas" já implica numa habilidade neuromotora relacional anterior à linguagem, como podemos observar em crianças no primeiro ano de vida. De fato, é através do movimento que se desenvolvem conexões neuronais fundamentais para todo tipo de linguagem e comunicação com o ambiente. “Fazer coisas” é resultado de interagir com coisas, pessoas e ambientes, através da linguagem (verbal e/ou gestual) e de pulsões de/em movimento (matéria e energia no espaço dinâmico). Portanto, “fazer coisas” implica na dinâmica entre fazer e ser feito, mover e ser (co)movido - o que inclui a pausa e a escuta da alteridade -, ou, ainda, influenciar e ser influenciado, num processo dinâmico de criação mútua, entre individual e coletivo, pulsão e linguagem, sensação e mediação, numa interação que constitui a própria vida.

É neste sentido que a relação entre dança e escrita vem sendo investigada naqueles paradigmas emergentes de pesquisa: “como escrever com dança, ao invés de a respeito da dança?”, nos indaga André Lepecki (2004, p. 133). Como lidar com a natureza fugaz da dança sem restringi-la a um objeto de pesquisa estável e analisado? Como deixar que a dança permeie a escrita de teses e dissertações em dança e com dança? Este é exatamente o processo exploratório daquelas abordagens recentes de pesquisa, tal qual a Prática como Pesquisa e, em nosso caso, da Pesquisa Somático-Performativa. Em aula, exploramos como se movem nossas pesquisas; e é no e através do movimento corporal que a pesquisa se escreve, se organiza e se cria, de forma autônoma e relacional como a Arte do Movimento (FERNANDES, 2020). Neste diálogo entre mover e ser (co)movido, podemos fazer e ser feitos com e por palavras, coisas, ambientes etc.

Neste caso, nosso ponto de partida não é um texto, apesar de termos diversas leituras ao longo de todo o semestre. Como Bausch, não começamos com uma significação prévia ou direção nítida:

> Há tempos, em uma entrevista, [Bausch] declarou que [...] Não segue nenhuma metodologia definida passo a passo, de acordo com etapas preestabelecidas. Existe mais propriamente uma ampla rede de imagens, gestos e relações, que têm entre si uma lógica interior, ou que a adquirem gradualmente, no percurso que conduz à criação do espetáculo.

> O seu mundo só consente uma abordagem não analítica: temos de procurar enfrentá-lo sob um ponto de vista mais flexível, mais subjetivo e mais elástico do que o crítico-analítico (BENTIVOGLIO, 1994, p. 23).

Através de seu sistema em movimento, Laban criou um arcabouço antes de tudo criativo, que associa prática e teoria, dança e escrita, a partir do uso da imagem, *motif* (motivo) e notação como meio de conexão entre movimento dançado e sua descrição e análise. Laban foi um dos primeiros a desenvolver uma linguagem do/em movimento, que inclusive continua se multiplicando e desdobrando até hoje. Em sua obra, são inseparáveis os âmbitos de praticar e aprender dança, criar danças, pesquisar dança, fazer *motif* e/ou notação e escrever *com* dança. Todas essas instâncias implicam na relação criativa entre corpo e espaço, experiência e sentido (BONDÍA, 2002), dissolvendo dicotomias como teoria e prática, ciência e arte etc.

Nos processos da Abordagem Somático-Performativa, somos atravessadas e constituídas pela pulsão da Arte do Movimento, onde estrutura flexível e mudança permanente coabitam ambientes de conexão, relação e integração (HACKNEY, 1998) em histórias não lineares, mas espiraladas e imprevisíveis como combinações de DNA a cada novo ser. Na exploração somático-performativa, somos guiadas pela pesquisa em movimento, que deixa de ser um objeto a ser manipulado para ser cocriadora ativa de sua biografia viva. Curiosamente, em muitos momentos do Laboratório de Performance composições em tempo real assemelham-se a cenas de Pina Bausch, não porque busquemos imitar aquela estética, mas porque realmente aplicamos seus princípios criativos justamente sem um objetivo formal primeiro. Afinal, não estamos apenas interessados em "o que nos move", mas em "como se move o que nos move" (FERNANDES, 2012a).

Assim como Bausch usava perguntas em seu processo criativo, estimulando a reconstrução de cenas da infância das dançarinas (FERNANDES, 2000, pp. 123-135), usamos questões abertas, com livre interpretação e formas de resposta, como no *Tanz-Ton-Wort-Plastik* de Laban. Neste processo com e a partir do corpo vivo, redescobrimos e reescrevemos nossas histórias enquanto pesquisas em movimento: "O corpo não é mais um meio para um fim. Ele tornou-se o assunto da apresentação. Algo novo começa na história da dança: o corpo está contando sua própria história" (SERVOS; WEIGELT, 1984, p. 23).

O corpo na dança-teatro não apenas está contando sua história, mas a está contando à sua própria maneira, em seus contrastes e idiossincrasias particulares e imprevisíveis. Se, enquanto corpo, estamos fadados a envelhecer ao longo dos anos, é justamente na arte que antes menosprezava dançarinos com mais de 30 anos que hoje corpos cada vez mais maduros contam suas próprias histórias. A dança-teatro é a dança da memória retroativamente reconstruída e necessariamente transformada (ZIZEK, 1991).

Em sua releitura de Lacan, Slavoj Zizek (1991) desenvolve o paradoxo do tempo, uma metáfora de inversão na direção do tempo originalmente inventada por Norbert Wiener, aplicando-a ao sintoma na psicanálise. Neste paradoxo, duas coisas relativamente não muito significativas que se movem em direções opostas entre si na dimensão temporal de repente passam a significar coisas bastante importantes, em um domínio totalmente distinto. Isto porque, neste cruzamento temporal, primeiro se vê o rastro e, apenas após o rastro, vê-se a coisa em si. E é exatamente esta inversão que, aplicada ao sintoma psicanalítico, permite que este seja transformado. Ou seja, sintomas não emergem de um passado remoto e imutável, mas, enquanto rastro, estão num futuro vindo em direção oposta a esse passado, o que nos permite reconstruí-los transformando nossa história retroativamente. Isto ocorre porque os sintomas tornaram-se sintomas - fixações imaginárias no inconsciente - justamente por sua exclusão da ordem simbólica e, enquanto recalque, persistem retornando até que este processo psicanalítico de reconstrução simbólica os reintegre à história do sujeito. Zizek explica tal paradoxo:

> A análise é, portanto, concebida como uma simbolização, uma integração simbólica de traços imaginários sem significado [...]. A resposta lacaniana para a questão de onde retorna o reprimido, é então

> paradoxalmente: do futuro. Sintomas são traços sem significado; seu significado não é descoberto, escavado da profundidade escondida do passado, mas construído retroativamente. A análise produz a verdade, por exemplo, a moldura significativa que dá aos sintomas seus lugares e significados simbólicos (ZIZEK, 1991, pp. 188-189, tradução nossa).

Tal paradoxo do tempo pode ser aplicado também à natureza da dança, compreendendo sua efemeridade não como uma fraqueza, mas sim como sua força de reconstrução, transformando traços enquanto refaz histórias corporalizadas. José Gil aponta para esta inversão da efemeridade da dança como um avesso da coreografia do tempo:

> Sempre se pensou a efemeridade da dança como um defeito ou um handicap relativamente às outras formas de arte. [...] Ao mesmo tempo que apresenta uma sucessão de movimentos visíveis do corpo, toda dança cria um fundo de movimento desaparecente [mouvement disparaissant] que só ele torna possível o surgimento das formas e a sua visão "efêmera". Neste sentido - de uma efemeridade construída, que é própria de toda a dança -, não há forma efêmera a não ser sobre um fundo de desaparecimento. Por outras palavras, o desaparecimento, "o invisível", a "não-inscrição" constituem espécies de écrans virtuais [...] É uma coreografia do tempo, como o avesso da coreografia do movimento (GIL, 2001, p. 202).

É através desta reconstrução da memória corporalizada que a dança-teatro extrapola a efemeridade da dança e se constitui como uma forma de transformar e criar biografias *ad infinitum*, ressignificando fatos vividos e suas repercussões somáticas.

Bugrinha desde sempre ou Como dançar com escrita?

Para Laban, toda dança cria e é constituída de traços de fluxos no espaço, no que chamou de *Traceforms* (LABAN, 1974). Em todas as escalas espaciais, assim como em qualquer movimento ou força viva, podemos identificar linhas de pulsão e(m) deslocamento que se configuram como rastros no continuum *espaçotempo*. São esses rastros dançados que podem ser visualizados como figuras cristalinas, formando poliedros regulares em constante esvanecimento e reconstrução. Desenhamos esses rastros deslizando ao longo de dimensões, planos e diagonais tanto quanto elas nos constituem enquanto matéria orgânica e inorgânica. É justamente essa constituição atômica que reverbera em ondas de ritmo tridimensional, conectando corpo e ambiente, micro e macrocosmo, célula e rastro, corpo e linguagem. Esse seria um treinamento para aprender a viver num mundo de constante mudança, entre autonomia e adaptação, ao invés de aprender a repetir modelos fixos de se comportar e agir.

De fato, através das escalas espaciais, aprendemos a atravessar esses modelos a priori rumo ao inusitado. Em uma perspectiva ampliada ao longo dos anos, podemos dizer também que o aprendizado para a mudança cresce em formas cristalinas de auto-organização. Ou seja, aprendemos a aprender conforme padrões de mudança - modos auto-organizados de desestabilização, readaptação e crescimento. Nesse contexto, novas formas de movimento seriam aquelas que desafiam modos fixos e prontos de nos percebermos e nos relacionarmos com o mundo. Na abordagem somática, o novo é definido conforme a experiência de cada pessoa em relação com o todo, expandindo preferências e possibilidades de respostas e interações. Este seria um aprendizado em formas cristalinas, daí Laban ser conhecido como O Dançarino do Cristal (*The Dancer of the Crystal*, DÖRR, 2007).

Curiosamente, Rudolf Laban e Afrânio Peixoto foram contemporâneos cujas obras vieram a se amalgamar neste novo milênio, por uma terceira via, nem austro-húngara, nem baiana. É em minha experiência multicultural que recriei *Bugrinha*, sob uma perspectiva autobiográfica, mítica e poética. Há boatos de que a obra seja também autobiográfica, pois descreve a saída de um nativo de Lençóis para estudar na capital (assim como o fez Afrânio

Peixoto para estudar medicina), retornando anos depois para rever seu amor de infância – uma nativa rude, ou “bugre”.

O convite para dançar a obra de início me colocou um grande desafio: Como poderia criar a partir de um texto, se justamente minha abordagem se constitui no caminho inverso? Como poderia dançar *com* escrita, respeitando agora a já conquistada autonomia da primeira em prol de uma não traição da segunda? Essa foi, sem dúvida, a principal pergunta da pesquisa, já que este dueto dança e escrita vem me acompanhando desde o doutorado, quando inclusive usei o termo *escrevendançando* (FERNANDES, 2000).

A este desafio se adicionava a questão de estar entre performance e entretenimento, presentificação e representação. Isto porque o evento seria aberto para pessoas de todas as faixas etárias, e muitas crianças e adolescentes estariam presentes, devido a acordos da Fundação com as escolas da região. Ou seja, a priori, professores estariam levando suas alunas para aprenderem sobre literatura brasileira através da dança. Por conta da faixa etária ser livre, certos cuidados se fizeram necessário, como por exemplo, a proibição de menção explícita a temáticas de violência ou de sexo. Além disso, era necessário tornar a cena interessante tanto para o público jovem quanto para adultos, mas sem por isso tornar-se de fácil consumo ou simplesmente ilustrativa da obra original. Neste sentido, a dança-teatro oferece os meios apropriados (FERNANDES, 2012), pois justamente questiona expectativas e cobranças dadas a priori, como estas, abre para uma multiplicidade de sentidos e significados e joga no limiar entre essas fronteiras de modo desafiador e imprevisível.

Além destas questões de contexto, havia também minhas questões pessoais, que compartilharei de modo mais intimista a partir deste momento. Eu me indagava, por exemplo, como poderia retratar uma nativa da Chapada Diamantina, justo eu, que mudei de localidade incontáveis vezes, começando já no ventre de minha mãe? Se existe uma questão difícil de responder em minha vida, é a famosa (e silenciadora) “de onde você é?”. Faço os cálculos (ainda bem que pelo menos sou boa de matemática) e mais ou menos o local que vence é Brasília, onde não nasci, e onde reina o cimento impessoal e os amplos espaços que separam as pessoas, contexto contraditório a um almejado aconchego do lar. Como nos avisou Clarice Lispector, no poema que escreveu já antes do meu nascimento (que foi em Anápolis/GO, não em Brasília):

> [R]econheço esta cidade no mais fundo de meu sonho. O mais fundo de meu sonho é uma lucidez. [...] Se tirassem meu retrato em pé em Brasília, quando revelassem a foto só sairia a paisagem. [...] A alma aqui não faz sombra no chão. [...] Por mais perto que se esteja, tudo aqui é visto de longe (LISPECTOR, 1994, p. 69).

Vai ver é por isso que continuo procurando meu lugar até hoje. Mas ao redor de Brasília estão cachoeiras e uma vegetação bem diferente das famosas florestas tropicais. Quem sabe é nessa natureza, como nos cenários de *Bugrinha*, que encontrarei meu lar.

Salvador, o segundo lugar na minha contagem de estadias prolongadas, é antagônico a Brasília. Salvador é ladeira, morro, praia, ruas preenchidas de gente. De certa forma, em Salvador, me faz falta certa lucidez; por mais longe que se esteja, se está sempre submerso num ambiente que nos leva ao olho do furacão, ao centro da terra, a um quase excesso de alma. Em Brasília, por outro lado, "Em qualquer lugar onde se está de pé, criança pode cair, e para fora do mundo. Brasília fica à beira" (LISPECTOR, 1994, p. 67).

O local paradisíaco onde se passa *Bugrinha* – Lençóis – é para mim um entrelugar: entre Brasília e Salvador, nem tanto ao centro (curiosamente, Salvador), nem tanto à beira (estranhamente, Brasília). É em percursos entre centro e periferia - no que Laban denominou de transversos, como nas escalas do icosaedro - que me delicio com a dança. Já morei em tantos lugares, cidades e países que posso perceber minha natividade apenas como rastros entre lugares, como percursos entre dois pontos a cada novo realizar das escalas de Laban, assim como entre as duas gradações de pulsões ou qualidades expressivas (condensada e entregue): peso – entre forte e leve –, fluxo – entre contido e livre –, foco – entre direto e indireto (ou flexível) – e tempo – entre acelerado e desacelerado (LABAN, 1971). Assim, gradualmente, coletei e explorei aspectos de *Bugrinha* nos quais encontrei ressonâncias pessoais, construindo uma biografia transcultural em movimento, entre materialidades e poéticas – qualidades mais condensadas e mais entregues.

Bugrinha desde sempre recria a obra de Afrânio Peixoto a partir da análise das qualidades de movimento de trechos selecionados, compondo atmosferas de integração poética (não ilustrativa) entre expressão corporal e espaços imaginários e construídos (no palco e fora dele), objetos, figurino e música. A dança da Bugrinha – personagem referida como diamante ao longo do romance – utiliza as formas cristalinas das teorias de movimento do pioneiro Rudolf Laban, enfatizando a movimentação humana em percursos topográficos geométricos infinitos, em harmonia com a integração corpo-música-espaço.

Em nuances de pulsão espacial (associação da Eukinética e da Corêutica de Laban), descobrimos em Bugrinha um personagem feminino arquetípico, sempre presente nas paisagens dinâmicas da Chapada Diamantina, tanto em estórias e mitos de várias tradições quanto em questões contemporâneas (de fato, eternas). O decorrer do romance, em meio a eventos culturais locais e o rico ambiente natural, cria uma atmosfera onde corpos-ambientes-ritmos estão intimamente entrelaçados. O desenrolar dos eventos desliza como águas de um rio ao redor de vários obstáculos (fluxo controlado) e quedas (fluxo livre), entre juventude, amor, memórias, encantos e tristezas, traição e a morte, ao final (assassinato equivocado devido à troca de identidade de Bugrinha para proteger Jorge). A reconstrução da obra não precisaria seguir a sequência de fatos, porém deveria respeitar sua lógica interna, para que pudéssemos dançar *com* o romance, e não simplesmente a respeito dele.

Neste sentido, minha experiência pessoal interviu, invertendo a ordem dos fatos como em uma coreografia do tempo (GIL, 2001, p. 202), o avesso da coreografia do movimento (no caso, do movimento do romance). Ao inverter a ordem dos eventos, num tempo tridimensional retroativo (ZIZEK, 1991), iniciamos com a morte, e dela partimos para os processos de renascimento. Esta inversão se mostrou mais coerente com minha experiência pessoal, uma vez que no período entre 2005 e 2007 passei por uma série de eventos traumáticos de violência, até finalmente ser diagnosticada com transtorno do estresse pós-traumático (TEPT).

Esta síndrome é bem mais comum do que se pode imaginar, uma vez que muitos eventos traumáticos não são reconhecidos como tais – muitas vezes nem pela própria pessoa, que passa a sofrer de sintomas de ausência de sensação corporal, como num estado de descorporificação. Lembro-me de, um dia, em uma sessão de terapia, de repente voltar a perceber minhas pernas como se fossem parte do meu ser. Apenas naquele momento me dei conta de que, por algum tempo anterior àquela sessão (meses, talvez um ano), eu havia sido capaz de caminhar, porém, me percebendo apenas do torso para cima. Esse é o tipo de ausência de sensopercepção que é denominada de estado de congelamento em TEPT (LEVINE, 1999)[2].

De fato, no meu primeiro ano de TEPT eu estava tão preocupada com meu filho, Lucio, que também sofrera o trauma - obviamente em outro nível, devido à idade tão tenra -, que nem me dei conta de que eu também tinha TEPT. Minha descorporificação foi tamanha que demorei pelo menos um ano para tomar consciência do meu estado e perceber que também precisava de terapia. Meu filho, na época com apenas um ano e meio de idade, congelou seu desenvolvimento, passando a apresentar – a partir do instante exato da primeira experiência traumática – sintomas de transtorno invasivo do desenvolvimento (TID), mais comumente chamado de autismo, que possui uma ampla gama de graus, denominada de "espectro autista".

Seu diagnóstico foi parcialmente esclarecido dois anos mais tarde como TEPT, já que muitas crianças taxadas e tratadas como autistas são, na verdade, traumatizadas (LEVINE; LINE, 2007). No caso do meu filho, houve também vários outros agravantes patológicos possivelmente posteriores e acumulativos, a exemplo de uma encefalite viral crônica. Mas Peter Levine, fundador do Somatic Experiencing™ ou SE (Experiência Somática), tem boas notícias para nós: segundo o autor, TEPT não é uma condição eterna e, pelo contrário, pode ser transformada através da reativação da energia bloqueada no momento traumático (LEVINE, 1999). É esta reativação (variação de fluxo) que venho buscando em processos criativos que associam a SE com o trabalho de Laban e

2 A terapia desenvolvida por Peter Levine será detalhada mais adiante.

seus discípulos (FERNANDES, 2011). Afinal, "os detalhes da nossa história pessoal nunca mudam, mas nossa relação com eles pode mudar" (ADLER, 2007, p. 29).

Como nos indicou Freud (1972, pp. 47-63), o mais importante não é o revivido exato (a lembrança de que algo é verdadeiramente parte de nossa biografia), e sim a reconstrução - além da lembrança ou da repetição (FREUD, 1963) -, atravessando as resistências e repressões num processo de transformação das memórias traumáticas. Porém, o reprimido ou recalcado vem, paradoxalmente, do futuro. "[É] em função do fato de que o doente tem um futuro que vocês podem ir no sentido regressivo" (LACAN, 1986, p. 184), pois "[s]intomas são traços sem significado; [...] construídos retroativamente" (ZIZEK, 1991, p. 189) através de sua inserção no Simbólico (reconstrução).

Depois daquelas experiências traumáticas, a morte para mim poderia ser apenas o ponto de partida, nunca o final da história. E encontrei respaldo nas histórias mitológicas de tantas deusas que, como *Bugrinha*, também morreram e, como *Bugrinha desde sempre*, renasceram. Algumas até pariram justamente ao morrerem, dando origem a toda uma rica variedade de deuses e deusas: "Iyemanjá caiu no chão e seu corpo começou a crescer. Seus seios romperam e se tornaram dois grandes rios, que formaram os mares, e de seu ventre saíram dezesseis orixás" (PRIETO, 2000, p. 171).

Assim, reconstruí retroativamente o romance *Bugrinha* em dez cenas de dança-teatro, do final para o começo da história, emergindo uma da outra num entrelugar: entre a vida de Peixoto e seu romance, entre minha vida e a do personagem, entre a estória escrita e a obra de dança-teatro, entre o ambiente de Lençóis e o palco da Casa Afrânio Peixoto, entre escrita e leitura, dança e recepção.

Na sociedade tradicionalista – exposta e criticada por Peixoto –, uma mulher selvagem (Bugrinha) é aquela que segue seu coração e intuições, protegendo seu amado mesmo que isso vá contra seu orgulho próprio, e um homem erudito é aquele que a trai com uma mulher casada, causando a morte de Bugrinha. No contexto da dança-teatro, em consonância com a crítica de Peixoto, esta "selvagem" é altamente valorizada e reconhecida justamente por sua integridade, como forma de nobreza e erudição.

Ao perguntarem a Pina Bausch o que havia aprendido de seu mestre Kurt Jooss, ex-aluno de Laban, Bausch foi ao cerne dessa integridade: "Uma certa honestidade" (SCHMIDT, 2000, p. 9). Numa "dramaturgia de contrastes" típica da dança-teatro (SCHMIDT, 2000, p. 8), *Bugrinha desde sempre* associa sensação e erudição, uma certa honestidade e mediação, o que nos move e como nos movemos. É no entrelugar que contrastes reativam fluxos, conectando e integrando diferenças e pluralidades.

Descrição das cenas de *Bugrinha desde sempre*

Joana Schnitman adaptou o texto do romance para dez cenas, brevemente pontuadas a seguir e detalhadas mais adiante nesta seção: I. A expectativa (a espera do retorno de Jorge); II. A chegada (o cortejo do Divino, a cavalgada com a chegada de Jorge); III. A festa (recepção em comemoração ao retorno de Jorge, com diálogos com referência à autossuficiência de Lençóis devido à sua riqueza, diamantes; Lençóis é como Paris; conversa sobre doces típicos da região – doce de siricaia - e a crença de que fazem conseguir esposo – "prende marido"); IV. A decepção – o passado (momentos de lembranças do romance de infância e juventude, tristeza, Bugrinha chora no quarto); V. O reencontro (se reencontram próximo ao rio, e ambos choram); VI. O propósito – os presentes (Jorge bem recebido pela família de Bugrinha em sua casa, oferecem-lhe café, ele traz presentes para ela, espelhinho, adornos, frasco de essência, pentes e grampos, porta-retratos com foto dele, Bugrinha envergonhada); VII. A Encantada – a outra – a sombra – o pressentimento (Jorge e Bugrinha conversam sobre a esposa de Tibúrcio, ela o avisa que Rita não é franca, é sonsa, ele parte para a casa de Tibúrcio); VIII. Desconfiança (de que Rita e Jorge estivessem tendo um caso, Bugrinha insinua ciúmes); IX. A Mentira (Bugrinha mente quanto à sua virgindade, ao flagrar Jorge indo encontrar-se com Rita, deixa cair o pote de água); X. Culto ao Divino Espírito Santo e engano (Bugrinha interrompe Jorge e Rita para protegê-los, pois Tibúrcio se aproxima, eles fogem, Tibúrcio assassina Bugrinha, que havia vestido o véu de Rita para despistar).

As cenas da obra de dança-teatro não apenas invertem a ordem dessa narrativa, mas evidenciam o surgimento de outras (re)leituras, como na dupla hélice do DNA, em combinações imprevisíveis. A obra total tem cerca de cinquenta minutos, dividida entre as dez cenas, que incluem a abertura (durante a entrada do público), distribuição de doces locais tradicionais entre o público no meio do evento, e fechamento (quando acendem-se as luzes da plateia), todos permeados por coreografias, figurino, objetos de cena e música. As cenas e algumas de suas particularidades e associações são descritas a seguir.

As descrições a seguir mesclam termos técnicos do Sistema Laban/Bartenieff (como posições, ações, relações com objetos, pontos no espaço e qualidades expressivas) com minhas percepções, sensações, intenções, bem como escolhas coreográficas somáticas, intuitivas, simbólicas e mitológicas em relação (direta ou indireta) ou não à obra literária, bem como alguns detalhes conceituais ou de interpretação, a exemplo da recepção. De fato, busco nesta descrição ser o mais fiel possível à minha vivência da realização da dança, numa perspectiva somático-performativa de quem realiza e descreve, a partir de uma testemunha interna que se deixa levar pela dança, sem julgamento e sem antecipar ou comandar o corpo durante a ação. Por outro lado, realizo necessariamente seleções do que descrever ou não, em um processo de sintetização em movimentos-chave semelhantes aos *motifs*. A descrição visa também permitir uma reconstrução livre a cada leitura, a partir dos dados elencados. Mas mostra também as escolhas propositais realizadas durante o processo, e que têm uma relação direta com as reflexões discutidas até aqui.

Cena 1. Morte. (Figura 1)

Desterritorialização. Imigrados, foragidos, sem-teto. Esconderijo, proibição, negação e desencontro de si.

Música: “Ricsi, Kicsi, Kem”, de Thierry Robin.

Escolhi vestir uma burca nesta cena, que cobria meu corpo quase por completo, simbolizando o congelamento e a ausência de sensação do PTSD. De burca, escondo-me entre espaços do auditório, principalmente deitada em locais inusitados, como embaixo da escada de entrada, atrás das poltronas do auditório etc. entre velas ao chão, vagarosamente aproximando-me do palco. Para mim, foi um momento de muita tranquilidade, chegando gradualmente no estado somático-performativo. Ao descer pela lateral do auditório até o palco, a burca dificultava muito visualizar o espaço. Assim, desci apoiando-me totalmente na sensação dos pés no chão e mãos na parede, ativando sentidos além da visão, ou seja, justamente estimulando a sensopercepção.

O público entrou e muitos nem me viram deitada embaixo da escada ou por entre poltronas ao chão, por exemplo, e foram direto sentar-se no auditório. Em seguida, algumas pessoas voltaram, enquanto outras me procuravam, pois a música já havia começado. A cena fez o público sair da atitude passiva e se virar na poltrona e caminhar pelo espaço. A música de Thierry Robin inclui o instrumento árabe buzuq e vozes femininas sussurrando três palavras semelhantes, como em um mantra ou contando um segredo.

FIGURA 1. A AUTORA EM *BUGRINHA DESDE SEMPRE*, CENA 01. CASA AFRÂNIO PEIXOTO, LENÇÓIS/BA, 02 DE AGOSTO DE 2013. FOTO DE UILAMI DEJAN.

Cena 2. Conflito.
(G)local. Selvagem e civilizada. Octaedro.
Música: "Mahdiyat" e "Concert pour Oud" e "Piano n. 23". CD *Mozart l'Égyptien*, concepção de Hughes de Courson & Ahmed al Maghreby.

Ao pisar no palco, deslizo os dedos por sobre uma série de livros ao alto de uma coluna na parede à direita do palco (a partir da referência do público). Os livros ali dispostos são de minha coleção pessoal, e foram escolhidos dentre toda a minha biblioteca como meus favoritos, e incluíam desde livros de Laban e somática a filosofia e estética relacionadas ao corpo e à dança, deusas, desenhos de Escher, o *Bhagavad Gita* em inglês, o *Natya Shastra* (tratado de artes cênicas datado de 200 a.C.), a dança-teatro de Pina Bausch, dança clássica indiana, estudos da performance, entre outros.

Em seguida, começo a caminhar rumo à outra extremidade do palco. Neste percurso, danço com a burca, gradualmente mostrando pequenas partes do corpo. A figura cristalina do octaedro enfatiza movimentos lineares, nas três dimensões, como em imagens medievais: alto-baixo (peso leve e forte), esquerda-direita (foco direto e flexível), frente-trás (tempo desacelerado e acelerado). Utilizo essas correspondências em afinidades e desafinidades, por exemplo, descendo às vezes com forte (afinidade), às vezes com leve (desafinidade), e muitas vezes conectando tudo com variações inesperadas de fluxo e tempo (estado móvel), concedendo dinamicidade à figura linear do octaedro.

A música denota a associação de duas forças distintas, iniciando suavemente com o canto árabe feminino de Samira Donya e seguida do "Concerto n. 23" de Mozart, sobrepondo a Orquestra Sinfônica da Bulgária (pianista Mario Angelov) com o instrumento árabe oud, num longo e dramático diálogo transcultural.

Cena 3. Pressentimento.
Desconfiança. Traição. Icosaedro.
Música: "Milonga triste", de Hugo Diaz.

Sem a burca, ainda não me exponho, e danço apenas na extremidade esquerda do palco (tomando como referência o olhar do público). Utilizo um leve lenço preto translúcido (que funciona também como um vestido que se trançará aos ombros na cena seguinte, mas que neste momento é usado esticado), para tampar o rosto e conectá-lo ao movimento dos braços como asas. Meio coberta por um véu que é meio asa, meio vestido, percorro os percursos transversos da escala esquerda A do Icosaedro, avançando e recuando, expandindo-me e encolhendo-me, elevando-me e afundando etc.

A música, trilha sonora do filme *The Tango Lesson*, de Sally Potter, abre o longa-metragem, relembrando-me quando vi a diretora pessoalmente na estreia do filme, em Londres, em 2005; após a exibição, Sally respondeu a perguntas do público. No filme, essa música acompanha o momento da criação, quando Sally senta-se diante de uma página em branco e, vagarosamente, levanta o lápis para dar início ao script do filme. É uma música de suspensão e languidez.

Cena 4. Lamento. (Figura 2)
Fuga. Corpo-espaço (i)limitado, restrição/expansão.
Hexaedro (Cubo).
Música: "J'ai perdu mon Eurydice" (Eu perdi minha Eurídice).
Trecho de *Orfeu e Eurídice* (1762). Ópera de Christoph Willibald Gluck. Interpretação de Jennifer Larmore.

Nesta cena utilizo a forma cristalina do cubo ou hexaedro para projetar um espaço limitado e restrito que cresce alternadamente até tomar todo o palco, mais ao final da cena. Com um vestido azul celeste coberto pelo véu negro translúcido, minha face se mostra com timidez, pouco a pouco elevando o olhar, num paralelo entre Eurídice e Bugrinha, personagens que – em momentos-chave – não devem olhar seu amado, com risco de morte (o que, ao final, acontece com ambas). O trecho da ópera corresponde ao lamento de Orfeu por ter sido culpado da morte de sua amada.

FIGURA 2. A AUTORA EM *BUGRINHA* DESDE SEMPRE, CENA 04. CASA AFRÂNIO PEIXOTO, LENÇÓIS/BA, 02 DE AGOSTO DE 2013. FOTO DE UILAMI DEJAN.

No Sistema Laban, as diagonais do cubo e suas respectivas associações expressivas são as mais ricas em conflitos e contrastes. Isso porque as diagonais incluem três vetores dimensionais e, portanto, três qualidades expressivas simultâneas. Assim, por exemplo, na primeira diagonal (se iniciada com braço direito) vamos de alto-direita-frente com peso leve, foco indireto, tempo desacelerado (flutuar) para baixo-esquerdo-atrás com peso forte, foco direto, tempo acelerado (socar). Estas combinações de três qualidades expressivas são conhecidas como impulsos de ação (*action drives*), tamanha intensidade, ainda mais quando justapostas na escala diagonal.

Na cena, realizo estas combinações em espaço próximo, mediano e distante. Ao final da cena, tais oposições e contrastes tomam todo o espaço e meu corpo, que contrai e expande, dobra-se e alonga-se por todo o palco, com a respiração ofegante substituindo a música que já terminou.

Cena 5. Paixão. (Figura 3)

"Lençóis corresponde-se com Paris". Doce (siricaia/buriti).
Relação dançarina e público.
Música: "Paris, Paris", interpretação de Catherine Deneuve e Malcolm McLaren.

Ainda ofegante da cena anterior, retiro suavemente o véu negro translúcido sobre o vestido e o enrolo ao redor do pescoço como um elegante echarpe, enquanto a sensual Catherine Deneuve inicia sua declaração de amor a Paris, numa contagiante melodia. Dirijo-me aos livros dispostos na parede alta do palco, deslizo meus dedos ao longo deles como que buscando minha leitura favorita, e, de repente, começo a retirar por entre eles barras do amarelado doce de buriti (em formato de pequenos livros antigos), uma iguaria típica da região. Retiro elegantemente o plástico transparente que envolve o primeiro doce e o jogo ao ar como um lenço que voa ao vento. Em seguida, encaixo o doce no busto, no decote do vestido, e em seguida faço o mesmo com as demais barras em diferentes partes do corpo, olhando sedutoramente para o público, enquanto a luz geral é acesa.

Em seguida, provo o doce e desço para servir pedaços do meu doce-corpo aos espectadores, um a um. Às vezes paro e jogo pedaços de doce para o ar, numa euforia como Bugrinha correndo por entre as matas da Chapada Diamantina. Distribuo os pedaços de fruição por todo o teatro, caminhando entre corredores, cadeiras etc. Para "entender" a dança-teatro, não basta olhá-la passivamente, precisamos degustá-la com os sentidos. Esta cena inspira-se em momentos onde a companhia de Pina Bausch não apenas dança nos corredores do teatro, mas oferece, por exemplo, chá aos espectadores.

Finalmente, subo para a arquibancada acima e, de lá, começo a soprar bolhas de sabão, convidando o público ali sentado para participar da ação. Enquanto isso, na parte de baixo do auditório, todas as pessoas se movem nos assentos para pegar as bolhas flutuantes em meio a uma chuva de leveza e sensualidade. A cena transforma radicalmente a atmosfera inicial de reclusão, tristeza e conflito em uma de alegria, frescor e expansão – ambos estados presentes em Bugrinha.

FIGURA 3. A AUTORA E UMA ESPECTADORA (JANETE PEREIRA DOS SANTOS) EM *BUGRINHA DESDE SEMPRE*, CENA 05. CASA AFRÂNIO PEIXOTO, LENÇÓIS/BA, 02 DE AGOSTO DE 2013. FOTO DE UILAMI DEJAN.

Cena 6. Expectativa.
Espera. Ansiedade. Projeção.
Ênfase vertical.
Música: "Spero per voi" (Espero por vós). *Ariodante* (1734).
Ópera de Georg Friderich Handel.
Interpretação de Jennifer Lane.

Ainda da arquibancada superior, enquanto continuam a jogar bolhas de sabão, inicia-se a estimulante música de Handel, e modifico minha atitude para uma ênfase vertical com foco direto e indireto, alternadamente, associado a súbitas ênfases em tempo acelerado e fluxo controlado. Como uma moleca, desço da arquibancada pendurando-me do parapeito num pano de circo, que serve também como um manto, enquanto pairo na expectativa, tanto no andar de cima como no de baixo. Mas não desço direto ao chão. Primeiro permaneço num longo parapeito interno das janelas, à busca desse misterioso que se aproxima, talvez – como Bugrinha à espera de Jorge, no início do romance. Em um determinado momento, o desespero me faz atravessar as janelas, mas retorno e desço finalmente para o público, desta vez equilibrando-me entre as poltronas, sempre olhando para o palco, como que esperando uma cena. Chego a sentar-me em alguma poltrona vazia no meio do público, ou mesmo na primeira fila, entre crianças e adultos, curiosos com esse deslocamento da dançarina. Afinal, a dançarina não deveria estar dançando, ao invés de esperar que alguém apareça e o faça? Mas essa é justamente a dança da espera, da ausência, de um corpo que projeta sua expectativa, um corpo tão comum como qualquer pessoa da plateia, que se torna ciente de que sua atitude pode se tornar tema da dança (ao invés de passar de forma despercebida, como um observador passivo).

Cena 7. Amor incondicional.
Proteção. Dedicação. Lembranças.
Música: "Solo tengo ojos para ti" (Só tenho olhos para ti), de Juan Luis Guerra.

Nesta cena, comparo o amor de Bugrinha por Jorge a um amor maternal, incondicional e sem limites, até abrindo mão da própria vida. Assim, criei uma cena com minhas memórias de meu filho, e esta passou a contar literalmente com ele em cena, mesmo que ninguém assim esperasse ou planejasse (como, aliás, foi minha gravidez!).

De volta ao palco, retiro um livro infantil da parede alta, um livro sobre animais selvagens, com muitas fotos. Em meio às páginas do livro, encontro uma luva de camurça azul celeste com bolas coloridas. Entrego o livro para uma das crianças na primeira fila, e coloco a luva em uma das mãos. Danço, em seguida, momentos marcantes tanto da gravidez quanto do crescimento de meu filho; como, por exemplo, o quanto eu me sentia enorme e redonda com

11 quilos a mais durante a gravidez, quando ele deu o primeiro chute dentro da minha barriga, quando ele deu seu primeiro passo etc. As mãos são particularmente importantes, pois ele passou a ter um sintoma de tremê-las, por conta do PTSD, o que reconstruí como asas de algum inseto, por exemplo, que me levavam por todo o espaço, também com pulos altos, caminhadas arriscadas à beira da mobília (no caso, do palco – talvez também como aquela criança em Brasília, como sugerido por Lispector) e gargalhadas surpreendentes que faziam parte de suas expressões.

Curioso foi observar como, no instante após dançar a gravidez e corporalizar o primeiro passo de meu filho Lucio, ele levantou-se da poltrona no público e invadiu a cena, assumindo para si a responsabilidade da inspiração. Até o final da obra, Lucio permaneceu no palco, com poucos movimentos, mas como uma presença marcante, trocando de lugar no palco, indo aos camarins, voltando ao palco etc. Foi curiosa a inversão de papéis, onde eu dava gargalhadas e me arriscava (ao invés de ficar nervosa e preocupada com ele, o que é comum) enquanto ele estava atento e interagindo cuidadosamente (ao invés de desconexo do ambiente e submerso em seu próprio mundo).

Cena 8. Amor impossível.
Busca de equilíbrio. Dança e literatura.
Música: "Anninnare", de Elena Ledda.

Nesta cena, retrato o amor impossível entre Bugrinha e Jorge como o amor entre a dança e a escrita, a sensação e a mediação, que se mesclam ao som doce de uma música de ninar da Sardenha, na qual uma das poucas palavras compreensíveis é justamente "diamante". Dirijo-me a uma das paredes do palco, onde estavam dispostos meus livros favoritos, e começo a trazê-los aos montes para a frente do palco, onde os disponho numa fila de um a um. O público naturalmente se mostra curioso, interessado em quais seriam estes livros. Após a peça, inclusive, muitas pessoas vieram à frente observar e manusear os livros expostos.

Após dispor os livros ao longo da frente do palco, em uma longa fila que a cobria como um tapete de diferentes cores e tamanhos, escolho um dos meus livros - o das deusas - e com ele realizo percursos transversos num espaço amplo, num dueto corpo-livro, gradualmente aproximando-os. A certa altura, escuto o livro, cheiro-o, leio-o apenas com o tato dos dedos, como em braile, enquanto meus olhos permanecem abertos no ar. Deslizo o livro pelo corpo como que conferindo meu tamanho (dado importante, por exemplo, durante a admissão em escolas tradicionais de balé clássico) em termos de uma nova medida: "livros", ao invés de centímetros. Meu tamanho e valor agora parecem medidos conforme um conhecimento rastreado no corpo, ao invés de algo abstrato e puramente intelectual.

Finalmente, equilibro o livro no topo da minha cabeça e caminho vagarosamente ao longo de uma das diagonais do palco, cada vez mais tranquila, com os braços que se abrem lateralmente, alternando-se para cima e para baixo com as palmas das mãos, como em um Anel de Moebius[3]. O olhar permanece tranquilo, olhando o horizonte, e um leve sorriso surge em meus lábios, pois o peso do conhecimento gradualmente me faz encontrar o eixo. É na alteridade que a dança pode se encontrar. Ao final da diagonal através do palco, chego à frente e devolvo o livro ao chão, desenhando com ele um traço em espaço dinâmico (Traceform) ao redor do meu corpo.

Cena 9. Cavalgada. (Figura 4)
Reconquista do poder pessoal. Força, lugar, enraizamento.
Caminho sagrado.
Música: "Storms in Africa", de Enya.

Dirijo-me à parede alta de onde havia retirado os livros. Desta vez, o pano que a cobria (como o véu de Rita/Bugrinha) abre-se como um longo sári de seda azul celeste e turquesa, com bordados dourados. Visto-o e inicio uma cavalgada arquetípica. A música de Enya sugere uma paisagem atemporal, onde sons de trovão e

3 Figura usada tanto por Laban quanto por Lacan, este anel foi criado pelo matemático e astrônomo August Ferdinand Möbius (1790-1868) a partir da junção invertida de duas extremidades de uma fita, criando uma figura oito ao invés de um círculo. Por conta desta torção na junção das extremidades, cria-se uma superfície arredondada porém tridimensional, onde interno vira externo e vice-versa (de fato, sem separação entre dentro e fora), sem dualidades, mas sim continuidades em gradações.

chuva confundem-se com ritmos percussivos, como de batimentos cardíacos contínuos; finalmente a umidade chega ao deserto.

Apoiando-me em cada passo do conhecimento, equilibro-me de livro em livro, com poses de deuses hindus, explorando o caminho de aprendizado cada vez mais pleno. Evocando a Shiva Nataraja, o senhor do tempo, a dança busca transcender o ciclo de nascimentos e mortes (*samsara*) e integrar corpo e espírito, terra e céu, conhecimento ancestral que vemos muito presente em culturas originárias, por exemplo.

FIGURA 4. A AUTORA EM *BUGRINHA DESDE SEMPRE*, CENA 09. CASA AFRÂNIO PEIXOTO, LENÇÓIS/BA, 02 DE AGOSTO DE 2013. FOTO DE UILAMI DEJAN.

Cena 10. (Re)Nascimento. (Figura 5)
A mãe universal. A Rainha das Águas.
Música: "Amours ou Trop tard me suis pris", de Amina Alaoui.

Após passar pelas etapas anteriores, retorno ao local da cena 3 (Pressentimento), onde de fato a obra começou a se desvelar, literalmente. Desta vez, ao invés de pressentimento e traição, danço aqueles percursos transversos do icosaedro com um jarro de barro, enquanto franjas de contas azuis cobrem meu rosto parcialmente. Inspirada pelos presentes de Jorge e pela imagem da jarra de barro carregada por Bugrinha, bem como pela morte como renascimento e multiplicação, recrio uma Iemanjá hindu. Conecto, assim, minha experiência com dança clássica indiana, seus mitos e rituais, com a religiosidade da Bahia, já que sou filha de Oxóssi e Iemanjá. A isto, sobrepõe-se também o inebriante canto marroquino de Amina Alaoui com uma guitarra da Andaluzia.

O véu, que havia feito o assassino confundir Bugrinha com sua esposa infiel e matar a Bugrinha, transforma-se na coroa de Iemanjá, cobrindo parcialmente seu rosto em estado de transe, entre matéria e energia, dança e literatura, consciente e inconsciente. Renasce a mãe universal, força feminina presente em cada um de nós. Por isso, danço por todo o espaço, derramando os bons fluidos espirituais da jarra de barro - a Mãe Terra – em percursos transversos de bênçãos transculturais.

FIGURA 5. A AUTORA EM *BUGRINHA DESDE SEMPRE*, CENA 10. CASA AFRÂNIO PEIXOTO, LENÇÓIS/BA, 02 DE AGOSTO DE 2013. FOTO DE UILAMI DEJAN.

Momentos finais

Após esta última cena, retorno gradualmente ao palco para os agradecimentos. Na transição entre plateia e palco, agora associados respectivamente a espetáculo (dança) e cotidiano (agradecimento), desenrolo o sári com meus movimentos transversos, e retiro-me para o camarim. Lucio, que esteve no palco até este momento, segura o sári, cobre-se levemente, pausa por um instante e se retira. Este fechamento, obviamente, não estava programado, mas foi muito bem aceito pelo público.

De fato, mesmo que as escalas espaciais ou qualidades expressivas estivessem marcadas em cada cena, dentro desta estrutura havia muito espaço para traçar novos rumos, fazer novas descobertas, tomar decisões diante de desafios e imprevistos, reorganizando a mim e à obra num crescimento retroativo constante. Entre dança e literatura, dançarina e público, real e imaginário, corpo e espírito, espaço e expressividade, futuro e passado, experiência e traço, delineamos juntos um processo vivo que se recria a cada instante. É exatamente esta (i)lógica pulsional entre estrutura e imprevisibilidade, eminentemente contemporânea, que cria uma encenação coerente com a respectiva obra literária de Afrânio Peixoto, rica em sua pluralidade de sentidos e (re)leituras.

Esta experiência estética me mostrou que, mesmo iniciando uma obra a partir de uma obra literária, ao invés de iniciar pela exploração somática sem uma temática a priori, como geralmente realizo, o modus operandi da Arte do Movimento garante a fidelidade às pulsões e necessidades somático-performativas. Ou seja, a escolha de um caminho metodológico fundado na corporeidade e suas relações espaciais dinâmicas facilita priorizar essas forças como elemento-eixo da obra, mesmo em meio a inúmeros outros elementos e contextos, inclusive de escrita acadêmica. É a partir da corporeidade no espaço dinâmico que se criam relações interartísticas com outros meios, inclusive selecionando, alterando e invertendo-os conforme aquelas pulsões. Deste modo, a Arte do Movimento nos dá pistas fundamentais para a sintonia somática e a validação da corporeidade num mundo onde cada vez mais precisamos reintegrar nossas histórias pessoais, familiares, culturais, sociais, ecológicas e políticas. Através desta ética-estética, damos visibilidade às histórias não hegemônicas que têm sido consistentemente silenciadas, como a da dominação da corporeidade, em especial a feminina.

Neste contexto de empoderamento da corporeidade, escrita não é nem o objeto original (passado) ao qual devemos ilustrar ou repetir (por exemplo, uma obra literária), ou o resultado ou produto (futuro) que devemos atingir como meta final (por exemplo, uma tese). Escrita é uma multiplicidade cristal imprevisível de processos imersos no fluxo composicional da vida, sobrepondo espaços-tempos espirais de transformação relacional contínua.

"[E]u sou a única prova de mim... A morte era geleia viva. Vivo estava tudo. Tudo é vivo, primário, lento, interessado, tudo é primariamente imortal" (Clarice Lispector, 1994, pp. 10-98).

REFERÊNCIAS

ADLER, Janet. From Autism to the Discipline of Authentic Movement. In: PALLARO, Patrizia (org). **Authentic Movement**: Moving the Body, Moving the Self, Being Moved. A Collection of Essays. Volume II. Londres: Jessica Kingsley Books, 2007, pp. 24-31.

AUSTIN, J. L. **How to Do Things with Words.** Oxford: Clarendon Press, 1962.

BENTIVOGLIO, Leonetta. **O teatro de Pina Bausch**. Lisboa: AcArte/Fundação Calouste Gulbenkian, 1994.

BONDÍA, Jorge Larrosa. Notas sobre a experiência e o saber da experiência. Tradução de João Wanderley Geraldi. **Revista Brasileira de Educação**, Universidade Estadual de Campinas - Departamento de Linguística, Campinas, n. 19, jan./fev./mar./abr., 2002, pp. 20-28.

DÖRR, Evelyn. **Rudolf Laban**: The Dancer of the Crystal. Lanham. Maryland: Scarecrow Press, 2007.

FERNANDES, Ciane. A Arte do Movimento como Pesquisa Somático-Performativa: pulsões e territórios do Laboratório de Performance do PPGAC/UFBA. **Cena**, Porto Alegre, n. 32, set./dez. 2020, pp. 73-82.

FERNANDES, Ciane. Como se move o que nos move? Variações autênticas, padrões cristal e pesquisa somático-performativa. **Movement News**. Edição bilíngue inglês/português. New York: Laban/Bartenieff Institute of Movement Studies, 2012a, pp. 68-73.

FERNANDES, Ciane. **Dança Cristal**: da arte do movimento à abordagem somático-performativa. Salvador: EDUFBA, 2018.

FERNANDES, Ciane. Dança-teatro: fluxo, contraste, memória. **Mimus**, v. 2, 2021, pp. 76-79.

FERNANDES, Ciane. **O corpo em movimento**: o Sistema Laban/Bartenieff na formação e pesquisa em artes cênicas. São Paulo: Annablume, 2006.

FERNANDES, Ciane. **Pina Bausch e o Wuppertal Dança-Teatro**: repetição e transformação. São Paulo: Hucitec, 2000.

FERNANDES, Ciane. Sintonia somática e meio ambiente: pesquisas de campo do Laboratório de Performance do PPGAC/UFBA. **Repertório Teatro & Dança**, Salvador, ano 15, n. 18,

2012b, pp. 175-183.

FERNANDES, Ciane. Transmutação estética: a criação cênica a partir do Sistema Laban/Bartenieff, do Movimento Genuíno e da Vivência Somática. In: ALBANO, Ana Angélica; STRAZZACAPPA, Márcia (org.). **Entrelugares do corpo e da arte**. UNICAMP, Faculdade de Educação, 2011, pp. 121-144.

FREUD, Sigmund. **Beyond the Pleasure Principle**. New York: Batam Books, 1972 (1928).

FREUD, Sigmund. Further Recommendations in the Technique of Psychoanalysis: Recollection, Repetition and Working Through (1914). In: RIVIERE, Philip (org.). **Therapy and Technique**. New York: Collier Books, 1963, pp. 157-166.

GIL, José. **Movimento total**: o corpo e a dança. Lisboa: Relógio D'Água, 2001.

HACKNEY, Peggy. **Making Connections**: Total Body Integration through Bartenieff Fundamentals. Amsterdam: Gordon and Breach Publishers, 1998.

HANNA, Thomas. **Bodies in Revolt**: A Primer in Somatic Thinking. Novato: Freeperson Press, 1970.

HANNA, Thomas. The Field of Somatics. **Somatics**, v. I, n. 1, Autumn 1976, pp. 30-34.

HASEMAN, Brad C. Manifesto for Performative Research. **Media international Australia Incorporating Culture and Policy**. Theme issue "Practice-led Research". Brisbane, Australia, Queensland University of Technology, n. 118, 2006, pp. 98-106.

LABAN, Rudolf. **The Language of Movement**: A Guidebook to Choreutics. Boston: Plays, 1974.

LABAN, Rudolf. **Die Welt des Tänzers**. Stuttgart: Walter Seifert, 1921.

LABAN, Rudolf. **O domínio do movimento**. São Paulo: Summus, 1971.

LABAN, Rudolf. **A Vision of Dynamic Space**. London: Laban Archives & The Falmer Press, 1984.

LACAN, Jacques. **O seminário**: livro 1: os escritos técnicos de Freud. Tradução de Betty Milan. Rio de Janeiro: Zahar, 1986.

LEVINE, Peter. **O despertar do tigre**: curando o trauma. São Paulo: Summus, 1999.

LEVINE, Peter; LINE, Maggie. Forrest: Traumatized Preschooler Misdiagnosed with Autism. In: **Trauma Through a Child's Eyes**. Berkeley: North Atlantic Books, 2007, pp. 356-360.

LISPECTOR, Clarice. **Para não esquecer**. 5ª edição. São Paulo: Siciliano, 1994.

POLLACK, Robert. **Signos da vida**: a linguagem e os significados do ADN. Tradução de André Carvalho. Rio de Janeiro: Rocco, 1997.

PRIETO, Claudiney. **Todas as deusas do mundo**. São Paulo: Gaia, 2000.

SCHMIDT, Jochen. Learning What Moves People. In: Schmidt, Jochen; Fischer, Eva-Elisabeth; Regitz, Harmut; Ginot, Isabelle; Bilski-Cohen, Rachel; Lechner, Georg. **Tanztheater Today**: Thirty Years of German Dance History. Seelze/Hannover: Kallmeyersche, 2000, pp. 6-15.

SERVOS, Norbert; WEIGELT, Gert. **Pina Bausch Wuppertal Dance Theater or The Art of Training a Goldfish**: Excursions into Dance. Colônia: Ballett-Bühnen-Verlag, 1984.

ZIZEK, Slavoj. The Truth Arises from Misrecognition. In: Ragland-Sullivan, Ellie; Bracher, Mark (org.). **Lacan and The Subject of Language.** New York: Routledge, 1991, pp. 188-212.

6.

feche os olhos e gire demoradamente a sua cabeça em círculos. deixe as vértebras cervicais convidarem as vértebras torácicas e lombares e mova-se buscando arredondar o corpo no espaço. sinta a alteração de sua respiração enquanto a dança vai surgindo. perceba o desejo das curvaturas da coluna serpenteando. sinta a mudança de temperatura.

PRÁTICA DE ESCRITA DANÇADA

pergunte-se: qual sonho
eu quero ver agora?
onde estive na última noite?
dance e escreva sua relação
com os sonhos. cultive
rituais para grafar os sonhos.
inaugure ou conecte-se com
o seu caderno de sonhário.
após um tempo de escrita,
deite-se no chão e cubra-se
com uma manta quentinha.
entregue o peso do corpo
no chão durante o tempo
que seu corpo quiser.

permita-se desviar do cronológico
para adentrar as intensidades.

PRÁTICAS DE *ESTARCOM* COMO MEDICINA PARA SONHAR O CHÃO DA DANÇA EM TEMPOS DE PANDEMIA

Lidia Larangeira e Ruth Torralba

O Núcleo de Pesquisa, Estudos e Encontros em Dança – onucleo[1], situado no Departamento de Arte Corporal da UFRJ, é um grupo parido coletivamente por mulheres artistas-pesquisadoras sintonizadas pelo desejo de encontro, de abertura e de *estarcom* pessoas e lugares do Rio de Janeiro. Assim, em 2015, nasce o projeto Cartografias do Corpo na Cidade, interessado em refletir e criar práticas cartográficas de corpo-cidade. A perspectiva em dança na qual nos inserimos acontece na fricção entre arte-vida como uma composição de corpo, movimento, cidade, escrita, imagem, som e processos de subjetivação.

Em 2017, o projeto cartografa a Teko Haw Maraka'nà, onde são realizadas as ações da Universidade Pluriétnica e Multicultural Indígena Aldeia Maraka'nà. Esse encontro impulsiona novos rumos a'onucleo, e em 2020 colocamos em prática o projeto *Posaûsub ibi* (sonhar o chão que se pisa): Corporeidade e Descolonialidade nos Cruzos da Dança. O termo *sonhar o chão* é uma flecha multidimensional que tensiona os limites entre arte, educação, política, cuidado. Um agenciamento de aliança político-afetiva com o território da Aldeia Maracanã que nos faz perceber que as memórias do lugar se inscrevem na pele do espaço. O chão que pisamos não é um espaço topológico neutro, e sim um território de memória com marcas e feridas coloniais. Sonhar o chão é sonhar com os pés no chão, plantar outras imaginações, ouvir outras narrativas, dançar outras danças, colher outros modos de viver, acender a fogueira dos encontros. Ao sonhar o chão com a Teko Haw Maraka'nà,

1 Para conhecer o trabalho d'onucleo, acesse http://www.onucleo.art e nosso Instagram, @onucleo.

propomos acompanhar, colaborar, apoiar, aprender: "*estarcom*" (LARANGEIRA; RIBEIRO, 2020) as ações que já acontecem na Aldeia, como o ciclo sagrado de mulheres, os mutirões, as oficinas de cantos, línguas, grafismos, medicinas e artes indígenas, entre outras. A partir desses encontros, produzimos coletivamente cartografias - materialidades sensíveis - que registram e difundem através de postagens as vivências e a luta no território, no intuito de propagar as ações de resistência e os ensinamentos da Aldeia.

O *teko haw*, o lugar em que se vive, em ze'egeté — língua do povo Guajajara, que são a maioria étnica no território atualmente —, não é diferente do espaço do corpo e do espaço do corpo do outro. Somos coletivos e codependentes. O sentido de comunidade funda todas as experimentações entre humanos e não humanos e entre múltiplos planos da vida. A luta pelo território é também luta pelo modo de ser "aldeia", ser "parente", seja na floresta, seja na cidade (RIBEIRO, 2020).

Sonhamos um sonho junto com os indígenas e apoiadores da Aldeia. O sonho é realidade que nos mostra como lidar melhor com o mundo, como bem-viver o momento presente. Uma experiência que estremece a suposta centralidade individual racional e consciente, abrindo para outras visões e outras experimentações. O *teko haw* dos povos originários das terras daqui, juntamente com a ativação do corpo sensorial (RIBEIRO, 2016), são convocados na afirmação da alteridade como antídoto ao individualismo e ao niilismo contemporâneos. O sonho é uma experiência que nos conecta com a natureza ou com a magia da vida. Sonhar o chão é imaginação de porvir, possibilidade de encontros que transformam, intervenção coletiva no futuro. Sonhar o chão é possibilidade de dançar novos mundos.

É preciso "lavar" o chão de nosso território, levantar as camadas de concreto, replantar, reviver, re-existir. A dimensão ancestral do espaço-tempo emerge como força que faz "ver" o que está além do visível na superfície sensível do corpo-território: o invisível e o encanto. A memória ancestral quebra a camada unidimensional do tempo-espaço cronológico, abrindo em nós dimensões espirais do tempo. Somos pó de estrelas. Na superfície sensorial dos encontros vamos tecendo uma pele comum: pele do encontro. Somos corpo--território-ancestral, como nos lembram as mulheres originárias de nosso chão. O conhecimento e a arte encontram a ancestralidade. A memória do corpo encontra a memória do lugar.

A "força de levante" (LARANGEIRA, 2020, p. 560) é necessária para repensarmos as camadas coloniais inscritas nos espaços em que apresentamos, aprendemos e ensinamos a dança entendida como coreografia. O legado colonial do coreográfico outorga autoridade e validade sobre alguns tipos de dança, alguns corpos e alguns espaços privilegiados. Pensando nessa perspectiva, o termo "contracoreografia" (LARANGEIRA, 2019) vem sendo utilizado em nossas proposições para atentarmos às camadas negligenciadas e invisibilizadas do que entendemos como dança e para propormos desvios, evitações e outros modos de ativar danças possíveis, danças de conexão com a ancestralidade e com o território, danças de cuidado.

Diante da crise político-ecológico-sanitária – que aponta consequências planetárias – instaurada pela pandemia da covid-19, a invenção coletiva de práticas para *estarcom* tem sido medicina que mantém pulsando nossa chama de vida, nossa potência de ação no mundo, nossa capacidade de sonhar o chão sobre o qual se dança. O presente texto nasce do desejo de compartilhar com o(a) leitor(a) uma dessas ações contracoreográficas experimentadas pelo onucleo, desde o início de 2020, quando nos percebemos privadas do encontro presencial.

Convidamos o(a) leitor(a) a navegar por uma prática de sonhar o chão conosco pelas próximas páginas. Se for possível, vista uma roupa confortável e encontre um espaço adequado e amplo o suficiente para deitar. Alterne sua atenção entre a leitura do roteiro e a feitura das ações sugeridas, ou utilize fones de ouvido e acompanhe o áudio.

FIGURA 1. QR CODE DO EPISÓDIO DO PODCAST MOEBIUS COM A PRÁTICA DE SONHAR O CHÃO

Quando acabar, contemple a colagem digital *Dançando com Kubenkrankein* — que finaliza o texto —, da indígena artista visual, designer e ativista Moara Tupinambá[2], que nos inspira a sonhar o chão.

2 Para conhecer o trabalho da artista, acesse https://www.moaratupinamba.com.

Apoie as mãos no chão, flexione os joelhos até ficar de cócoras. Respire profundamente
soltando o peso da cabeça em direção ao chão
e percebendo a conexão entre a cabeça e a cauda.

Observe a expansão na inspiração
e o recolhimento na expiração
do corpo como um todo.

Perceba o assoalho pélvico expandindo
e recolhendo durante a respiração.
Se for possível, ampare o chão da sua pelve com as mãos.

Imagine-se como uma semente, *icí*[3]
e permita que a respiração mova e se expanda.
Amplie sutilmente esse movimento enquanto respira.

Imagine a pulsação de uma água-viva,
lembre-se de seu movimento
e leve para suas mãos
pulsando no ar como se estivessem no mar, *paranã*[4].

Sem pressa, perceba seus pés
como raízes que se espraiam e aprofundam
pelo chão e pelo espaço.

Deixe sua bacia pesar até chegar no chão
sentindo seu apoio e "ancoramento".
Encontre uma posição confortável para sentar.

Cuidadosamente leve sua atenção para o centro da bacia,
região do baixo ventre e respire sentindo o ritmo
dessa parte do corpo.
Imagine um sol irradiando luz do centro dessa região.
Inspire expandindo e abrindo espaços.

3 *Icí* é semente em tupi-guarani.
4 *Paranã* é mar em tupi-guarani.

Expire recolhendo e massageando os órgãos e vísceras.
Mova essa região em formatos de infinito
e livremente.

Respire profundamente, movendo a coluna
como o grande caule de uma árvore, *Ybirá*[5].
Visualize uma circulação de fluxos-seivas
de baixo para cima e de cima para baixo
pela sua coluna.

Leve a atenção até o centro do peito,
sintonizando com o ritmo do coração.
Imagine essa região como um grande poço
de onde brotam veios de rios, *pará*[6],
que irrigam com sangue todo corpo.
Pouse as mãos no coração e
perceba onde está o batimento mais forte.
Encontre ali seu primeiro tambor.
Mova a região a partir das mãos
seguindo o sangue pelas espirais dos átrios e ventrículos.
Espirale em movimentos de infinito.
O coração adora mover-se em espirais.

Agora, suba com sua atenção até o topo da cabeça, olhos e nuca.
Imagine a cabeça como uma copa frondosa.
Na inspiração expanda o alcance do movimento,
na expiração recolha.
Vá para o espaço além do teto,
atravessando telhados e chegando a tocar o céu.
Imagine a lua nova - *Jacy*[7]
irradiando uma luz fina
e vibrante no centro da cabeça.
Feche os olhos,
sinta a energia da escuridão da lua nova
e respire.

5 *Ybirá* significa árvore em tupi-guarani.
6 *Pará* significa rio em tupi-guarani.
7 *Jacy* significa lua em tupi-guarani.

Aos poucos, vá enrolando a coluna
até que lentamente o corpo todo chegue no chão.
Deixe a cabeça descansar na Terra, *Ibi*[8].
Receba o colo ofertado pelo corpo de *Nhandecy*[9].
Sinta o apoio e o suporte respirando
corpo a corpo com a Terra
que sustenta e acolhe.

Terra e Lua em conexão.
Nhandecy e Jacy.

Visualize a circulação de uma força
que passa pelo corpo todo
desce até o centro da Terra,
volta,
atravessa o corpo,
sobe até a Lua,
volta,
retorna
e termina no seu coração.
Visualize essa força circulando entre você
e todos os seres que partilham o mesmo chão,
através de uma troca subterrânea entre raízes.

Quando puder, encontre uma forma de se conectar
vcom seus sonhos e plantá-los nessa terra.

Que sementes de sonhos estamos plantando
nesse chão coletivo?

Que ancestrais estamos nos tornando para gerações futuras?

8 *Ibi, iby, iwi* significa terra, chão que se pisa em tupi-gurani.
9 *Nhandecy* significa a grande mãe, a mãe terra em tupi-guarani.

Respire, se espreguice lentamente e aprecie a audiodescrição da colagem digital *Dançando com Kubenkrankein*[10], da indígena, artista visual e ativista Moara Tupinambá. A imagem apresenta uma grande roda aberta em forma de espiral, composta por muitos indígenas abraçados. No chão muitas estrelas brilham e, no centro da roda, uma espiral de cores múltiplas pisca e pulsa. A roda de corpos parece se mover iluminada pelo pulso das cores, que criam um reflexo luminescente do céu na terra.

FIGURA 2. COLAGEM DIGITAL *DANÇANDO COM KUBENKRANKEIN*, DE MOARA TUPINAMBÁ, 2020. RELEITURA DE JOSÉ MEDEIROS, 1957.

10 Fonte: https://www.projetoarmazem.com/mirasawa-moaratupinamba.

REFERÊNCIAS

LARANGEIRA, Lidia; RIBEIRO, Ruth Silva Torralba. Práticas de estarcom como gesto de cuidado e criação. **Mnemosine**, v. 16, n. 2, pp. 85-106, 2020. Disponível em: https://www.e-publicacoes.uerj.br/index.php/mnemosine/article/viewFile/57655/36930. Acesso em 25 maio 2022.

LARANGEIRA, Lidia. Contracoreografias: friccionar dança, escrita e feminilidade. In: SILVA, Bárbara Conceição Santos da; BASTOS, Maria Helena Franco de Araújo; TOURINHO, Ligia Lousada; ROCHA, Lucas Valentim (orgs.) **Carnes vivas:** dança, corpo e política. Salvador: ANDA, 2020.

LARANGEIRA, Lidia. **Coreografias e contracoreografias de levante:** engajando dança, grafias e feminilidades. Tese de Doutorado. Instituto de Artes da UERJ, 2019. Disponível em https://www.bdtd.uerj.br:8443/bitstream/1/7368/1/Lidia%20Costa%20Larangeira%20-%20Tese.pdf. Acesso em 25 maio 2022.

RIBEIRO, Ruth Silva Torralba. **Sensorial do corpo:** via régia ao inconsciente. Niterói: EDUFF, 2016.

RIBEIRO, Ruth Silva Torralba. Sonhar o chão: dança, decolonialidade e ancestralidade. In: SILVA, Bárbara Conceição Santos da; BASTOS, Maria Helena Franco de Araújo; TOURINHO, Ligia Lousada; ROCHA, Lucas Valentim (orgs.) **Carnes vivas:** dança, corpo e política. Salvador: ANDA, 2020.

CORPOPOMBAGIRA - POR UMA GESTÃO DE SI, NA PRÁTICA DA ARTE-EDUCAÇÃO[1]

Katya Gualter

A presente comunicação tem como objetivo compartilhar uma palestra proferida via remota no dia 3 de fevereiro de 2021[2], ao encontro da proposta do projeto de autoria de Aline Bernardi e dramaturgia de Lígia Tourinho, que investiga as interseções entre o Corpo e a palavra no processo de criação artística na relação vida-arte-vida. Importante destacar que, na referida data, estávamos em pleno período de distanciamento social em virtude da pandemia da covid-19.

Nesse contexto, e considerando que não existe corporeidade neutra, esta arriscada tentativa de contágio elogia a cartografia corporal como principal interveniente no processo de formação, tomando as ancestralidades e encantamentos como inspirações formativas. A compreensão dos espaços em suas múltiplas dimensões e dos modos como esses espaços influenciam sobremaneira nas posturas, atitudes, valores, desejos, comportamentos e políticas escrevem textos, discursos que escapam das convenções onde se inscrevem as palavras – e, ao mesmo tempo, geram, criam habitares onde as palavras são acessadas a partir de experimentações dançantes-poéticas, e a escrita acontece reinventada.

Vislumbramos então o Corpo como o produtor de mapas, estimulando compreensões e criações de mundos, nas inter-relações pessoais junto ao Coletivo, de maneira que possamos estimular um efetivo posicionamento político frente a um futuro que está

1 Esta comunicação foi em grande parte baseada na tese de doutorado, de minha autoria "Senhora da Encruzilhada: perspectivas dialógicas da dança com o audiovisual" defendida em 2014 no Programa de Pós-Graduação em Artes da Cena, na UNICAMP (GUALTER, 2014).

2 Disponível em: https://youtu.be/DOnmKU3K4Qg.

sendo construído e, portanto, alterado a cada instante por todes[3] nós que deliberamos viver e criar (SOUZA, 2018).

Agradeço a todes vocês, Corpos binários (mulheres, homens) e Corpos não binários (nem homens, nem mulheres) que estão coautorando essa tão potente partilha agora. Proponho, então, refazermos a pergunta "o que pode o Corpo?", trocando o artigo definido "o" pelo artigo indefinido "um"[4], com alguns desdobramentos.

O que pode um Corpo?
O que pode um Corpo preto?
O que pode um Corpo mulher?
O que pode um Corpo mulher preta?
O que pode um Corpo homem preto?
O que pode um Corpo homossexual?
O que pode um Corpo transsexual?
O que pode um Corpo gordo?
O que pode um Corpo magro?
O que pode um Corpo velho?
O que pode um Corpo criança?
O que pode um Corpo com necessidades específicas?
O que podem Corpos??????

Já sabemos o que podem os Corpos dentro dos padrões hegemônicos convencionados de normalidade, que vêm usufruindo de privilégios. O que não sabemos, porque aprendemos que não precisamos saber, é o que podem os Corpos fora desses padrões. E, nesse contexto, aprendemos o que um Corpo preto brasileiro afrodiaspórico ou afrodiaspórico brasileiro NÃO PODE fazer e aprendemos também a naturalizar essa despotencialização. Aprendemos a não considerar seus saberes.

3 Ao empregarmos a palavra todEs me refiro às pessoas do gênero masculino e do gênero feminino (binário) e às pessoas que se consideram de um outro gênero que não o masculino nem o feminino (não binário). (SANTOS; GUALTER; SILVA; DAMASCENO, 2021).

4 Esta pergunta não foi diretamente formulada pelo filósofo Espinosa, mas sim por um de seus principais comentadores: o também filósofo Gilles Deleuze. Disponível em: https://razaoinadequada.com/2013/08/25/espinosa-o-que-pode-o-corpo/.

“Excluir a história do outro é excluir a sua cartografia, que é um dado do racismo”, como nos alerta Kabengele Munanga – um Corpo Homem Preto antropólogo, professor brasileiro-congolês aposentado da USP, especialista em antropologia da população afro-brasileira, atento à questão do racismo na sociedade brasileira.

É como dizer: sua cultura não vale nada. E, sabemos, que o Corpo preto brasileiro afro-diaspórico contribuiu e contribui indiscutível e marcadamente para o processo de construção cultural do Brasil. Trouxe religião, visão de mundo, culinária, conhecimentos medicinais... Isso não pode ser deixado de lado. Produziu riqueza, construiu o Brasil com seu suor e sangue (Munanga, 2019, p. 58).

A Lei 10.639/2003, que torna obrigatório o ensino da história e da cultura africana nas escolas, e a Lei 12.711/2012, que prevê a implementação de cotas raciais e sociais para o ingresso em universidades e instituições de ensino médio e técnico federais – as chamadas ações afirmativas – vêm reduzindo as desigualdades, apesar de inúmeras escolas e programas de pós-graduação no Brasil não cumprirem estas leis, o que evidencia o quanto ainda se tem a fazer, a conquistar; há muitas lutas a serem travadas.

Kabengele Munanga nos aponta para o viés da luta pelos caminhos da formação continuada:

Não se resolve pelas leis, mas pela educação, que começa no lar e depois vai para as ruas, para a escola. Uma educação para conscientizar as pessoas e mostrar que a diversidade é uma riqueza da humanidade. Somos o que somos porque somos diferentes (Munanga, 2019, p. 47).

A beleza do que somos reside nas nossas diferenças!!! Então, a questão é: como unir, agregar, congregar forças para seguirmos mais fortes para os combates?

É certo que hoje temos textos, práticas corporais, propostas pedagógicas de qualidade para trabalhar a questão da história do Corpo Preto, que traz incisivamente modos afrodiaspóricos de coabitar os múltiplos universos simbólicos pelos quais transitamos e somos transitáveis. Contudo, precisamos ampliar, fortalecermo-nos através da criação de espaços de aglutinação, de inclusão.

Acredito que ser um Corpo binário ou não binário excluído do padrão hegemônico de normalidade, como eu, *CorpoKatya*, mulher preta brasileira afrodiaspórica, vem sendo um ato político em meio ao caos da subalternização, da discriminação, o que tem levado ao óbito da invisibilidade e do silenciamento os Corpos oprimidos. Como *CorpoKatya*, mulher preta brasileira afrodiaspórica, neste momento, peço licença e bençãos:

* Ao meu pai Oxóssi, minha mãe Iansã e todos os orixás do panteão africano;
* Ao pai José d'Angola e todos os pretos-velhos sábios e benfazejos;
* Ao Caboclo Boiadeiro, ao Caboclo Maia, à Cabocla Jurema e a todos os caboclos, todas as caboclas, baianos/as, mestres/as, marinheiros/as, cangaceiros/as, erês, exus e pombagiras, que nos amparam e orientam na passagem pela vida terrena;
* Às incríveis mulheres brancas Helenita Sá Earp, Ana Célia de Sá Earp, Anita Leandro, Celina Batalha, Liana Cardoso, Lúcia Lobato – minhas orientadoras na trajetória acadêmica rumo ao mestrado e na passagem para o doutorado;
* Ao incrível homem preto Eusebio Lobo – meu orientador de doutorado;
* Aos grandes parceirEs GrupAR (Grupo de Pesquisa Ancestralidades em Rede). Corpos Mulheres Pretas: Angela Brêtas, Carmen Luz, Ignez Calfa, Isabela Oliveira, Mônica Costa, Nathalia Silva, Raiza Venas, Tatiana Damasceno; Corpos Homens Pretos: Diego Dantas, Luiz Monteiro, Rodrigo Nunes, Rubens Barbot, Raphael Arah, Renato Mendonça, Xandy Carvalho; Corpos Mulheres Brancas: Eleonora Gabriel, Flavia Meireles, Renata Moura, Tatiana Almeida, Marilia Rameh, Samira Lima da Costa, Juliana Manhães, Denise Zenícola, Cristiane Moreira, Lais Bernardes, Lígia Tourinho, Michele Fonseca, Mônica Luquet, Joice Aglae, Rita Alves; Corpos Homens Brancos: Julius Mack e Gato Larsen;
* A Adilbênia Freire Machado e Iure Santos de Souza - dissertações de mestrado defendidas, respectivamente, em 2014, no Programa de Pesquisa e Pós-Graduação em Educação da Faculdade de Educação da Universidade Federal da Bahia e, em 2018, no Programa de Pós-Graduação em Geografia da Universidade Federal do Espírito Santo;
* A Antonio Bispo dos Santos – falaremos sobre ele mais adiante;

* A Kabengele Munanga – pesquisador que trago aqui como o grande contribuidor dos meus pensamentos em volição;
* Licença e bençãos a todas as forças visíveis e invisíveis presentes aqui e agora, as que me antecederam e aquelas que estão por vir!!! Uma confluência de forças divinizadas que regem o *CorpoKatya* e afluem na potência Pombagira Maria Mulambo.

FIGURA 1. IMAGEM DE DONA MARIA MULAMBO. COMUNIDADE DE TERREIRO ASÉ ILÊ AFRO OGUIÃ OGUNJÃ, RAIZ DA SERRA, RJ. FOTO: BRUNO MORAIS

Aproveito, e peço licença para chamá-les também de *CorposPombagiras*, pois esse momento deflagra um encontro entre essas potências nas histórias de cada uma de nós, pessoas, que nos provocam deslocamentos, trânsitos por entre fazeres umas das outras, em danças de contágios, danças da subversão contra qualquer dominação, arbitrariedade e opressão. Nessa direção de entendimento, gostaria de convidá-les a um breve passeio pelos caminhos que venho trilhando, propondo fazeres (quando falo fazeres, trago junto pensares, sem dicotomias) na interação com a Pombagira, sob uma perspectiva dançante-poética.

Nas experiências de ser *CorpoKatya*, mulher preta brasileira, existe de fato um Corpo que vem superando a rigidez da matéria tão cheia de limitações e finitudes. Este Corpo, em um determinado momento, passou a coabitar o mundo das opiniões, da fisicalidade, desconstruindo os contornos, que dão ao movimento uma falsa ideia de "pronto e acabado".

Estamos lidando com uma experiência dotada de sentido que jamais se repete, isto é, aproximações ímpares entre invisibilidades carregadas de presença. Nessa perspectiva, quem sou eu, de onde eu falo e por onde eu caminho?

Mulher preta, filha e neta de pretos boêmios e seresteiros do subúrbio carioca, faço parte da quarta geração de umbandistas da minha família. Sou mãe e avó solteira de mulheres pretas. Moro na Penha Circular/RJ, bairro da zona da Leopoldina, onde nasci e cresci ao som dos atabaques e cantigas que moviam toda a família e vizinhança nas giras de umbanda nas tardes de domingo. Alternadamente, nas tardes dominicais, a música também me comovia no botequim Sovaco de Cobra – um botequim muito famoso na década de 1970, localizado no final da Avenida Lobo Júnior, no bairro da Penha Circular. Lá, meu pai, minha mãe, amigos e amigas cantavam e tocavam a amizade. A música saudava os encontros, o poder do amor, das aproximações entre as pessoas, através do samba, da seresta e do chorinho.

Minha casa de fundos foi construída na sequência de casas acolhedoras de quatro gerações, que foram preenchendo um extenso terreno. Para melhor situar-nos, cabe uma breve identificação dessa localidade. A zona da Leopoldina/RJ é uma região histórica, tradicional, e a mais antiga da zona norte do Rio de Janeiro. Atualmente, abrange os bairros Manguinhos, Bonsucesso, Ramos, Olaria, Penha, Penha Circular, Vila da Penha, Brás de Pina, Vila Cosmos, Cordovil, Parada de Lucas, Vigário Geral, Jardim América e Complexo do Alemão.

Como de praxe nos domicílios da zona da Leopoldina, minha casa tem uma laje com um chuveirão. A laje nas residências dessa região é o espaço guardado para o lazer, exclusivo do cultivo e da fruição do amor, da afeição, da amizade. É onde as pessoas tonificam as suas teias de afeto tecidas nos Encontros da Vida, entre familiares com laços consanguíneos, mas também entre familiares sem ligação biológica na assimilação de um sentido de família construído, inventado, no movimento "tornar-se família" (GUALTER; SOUZA, 2019).

Como uma suburbana carioca coabitante de uma laje, sigo acrescida de uma mistura de umbandista e candomblecista, de modo que a combinação entre experiência prática e inspiração mística em doses acentuadas intervém incisivamente na minha corporeidade e, consequentemente, nos caminhos que percorro da criação artística e do exercício da gestão.

Um acontecimento aos nove anos de idade incitou esse meu entendimento sobre o *CorpoKatya.* Ao som dos tambores, cantos e encantamentos inseridos na convivência familiar, vivi, em uma gira de umbanda, uma experiência, pela primeira vez, de me sentir estranha aos padrões de formas e movimentos que eu assumia na minha rotina. Meu próprio eixo corporal se deslocava, provocando desequilíbrios, com movimentos descoordenados.

Era ela, minha amiga, parceira, companheira – Dona Maria Mulambo!!!

Desde então, as aproximações *CorpoKatya* e Maria Mulambo fluem, tornando-se um compartilhamento de tempos, espaços, forças: fluxo ininterrupto de energias que interatuam na duração, ou seja, interagem no decurso de cada aproximação, que é única.

Foi a partir dessas experiências no campo do sagrado (onde o profano também é sagrado) que intuí aproximações entre o Corpo poético-dançante e as simbologias da Pombagira expressas em suas danças e lendas.

A experiência de Senhora da Encruzilhada (Gualter, Brasil, 2014, 14min) – trabalho processual Corpo-câmera: laboratórios corporais fotográficos e fílmicos

A rosa vermelha é o presente mais aclamado pelas pombagiras, com grande poder de liberação do potencial feminino. Acreditando que os mitos da rosa atualizam seus significados na relação com a Pombagira, a ideia foi trazer a rosa no Corpo feminino, simbolizando a veia maternal e a sensualidade, sob um entendimento integrado do "Corpo/partes", enquanto potência (capacidade de), fecundidade, doação, nutrição (amamentação) e provimento de vida.

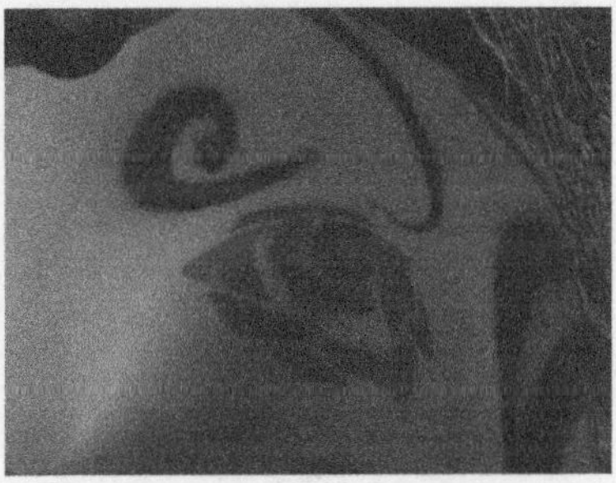

FIGURA 2. *SENHORA DA ENCRUZILHADA.* ATRIZ BAILARINA ALINE BRITO.

Nesse sentido, a rosa no umbigo e no seio privilegia o Corpo de modo integral chegando ao diário e habitual, como a taça da vida, a transcendência, a sabedoria divina, presença pulsante nos caminhos que se entrecruzam, ou seja, um fluxo de energia que prossegue se dissipando e ao mesmo tempo interagindo.

FIGURA 3. *FSENHORA DA ENCRUZILHADA.* ATRIZ BAILARINA ANDREIA PIMENTEL.

A cor vermelha representa o mistério da vida, o secreto. Ao mesmo tempo, seduz, encoraja, provoca, alerta, incita a vigilância, onde se opera o amadurecimento, a geração e regeneração humana. É a cor da libido, da alma, do coração. O vermelho também é matricial uterino, representa o ventre, onde a morte e a vida se transmutam uma na outra.

Em expansão contínua no universo onírico das poesias corporais, a rosa legitima a Pombagira como sendo Corpo poético-dançante, habitar da Arte, passagens, trânsito, coabitando com os outros Corpos cotidianos o lugar da experiência em curso, que exprime continuidade, mudança, expansão e revolução.

Com efeito, a Pombagira ultrapassa o lugar da figura notável, fictícia, distante, inatingível, e assume um compromisso fundamental com os caminhos da pesquisa, da gestão e do processo de criação artística, presentes no cotidiano, nos modos de ver, sentir, viver e conviver em variados Mundos.

O Corpo invertido nos portais contraria a ordenação do cotidiano comum. Contrapondo a dinâmica acelerada e equivocada da vida diária, a Pombagira estabelece o conflito. Ao se opor à lógica do cotidiano colocando-se de cabeça para baixo, a Pombagira interfere no espaço convencionado e robótico do ser humano no mundo atual evidente nos seus deslocamentos. Andam sem sair do lugar, sem perceber a si mesmos e nem os outros nos espaços, destituindo-se, deste modo, da sua capacidade de relação, conexão e reflexão.

FIGURA 4. *SENHORA DA ENCRUZILHADA.* ATRIZ BAILARINA ALINE BRITO.

De cabeça para baixo, a Pombagira se volta para a terra, a fonte da vida. Restitui a plantação, o cultivo e a colheita do alimento que fortalece o Corpo. Reafirmando sua relação com a terra, a Pombagira invertida aparece misturada também aos cipós nas árvores, enaltecendo as raízes, como fios de ligação entre o Corpo e a terra.

Os pés formam a base do Corpo sobre a terra, porém a Pombagira voltada para a terra mostra que a cabeça também ocupa o lugar da base, e que não caminhamos somente com os pés. Apesar da sensação direta com o ambiente causada pelo contato dos pés no chão, no filme, os pés, a cabeça, os seios e o abdome (umbigo) são ressaltados, estendendo-se a todas as

FIGURA 5. *SENHORA DA ENCRUZILHADA.* ATRIZ BAILARINA ALINE BRITO.

outras partes na relação com o todo, sendo igualmente responsáveis pelo modo como sentimos e percebemos o(s) mundo(s) ao nosso redor.

Os portais aparecem como trânsitos/passagens entre o espaço convencional visível no cotidiano e o espaço invisível do "vir a ser" que não aparece na tela, mas é sugerido o tempo todo pela inversão da Pombagira nos portais. Com isso, a imagem-movimento abre para o espectador a possibilidade de reconstituição das relações Corpo-espaço-tempo-imagem-movimento-som-luz, isto é, instiga o espectador a redimensionar-se. As sequências dos planos nos permitem ver a Pombagira em uma casa velha sem teto, nos remetendo à relação com o infinito, com o ilimitado. Mas ela também aparece circulando pelas ruas hoje. No filme, tal como as encruzilhadas, os portais e as ruas são também as moradas inacabadas, os caminhos em construção da Pombagira.

Totalmente contagiada pelo Corpo revolução – Pombagira e seus caminhos em construção, suas moradas inacabadas –, trilhei uma trajetória profissional como bailarina, produtora cultural e gestora pública.

Após vinte anos compondo a equipe gestora do Departamento de Dança da Escola de Educação Física e Desportos e representação em colegiados na UFRJ, fui motivada/provocada a concorrer para a direção desta escola, que integra cerca de 3.300 pessoas no seu Corpo social, com seis cursos de graduação, dois programas de pós-graduação, 60 ações de extensão e 10 cursos de Pós-Graduação *lato sensu* (especialização).

Eleita, me deparei com o desafio de ser a primeira mulher preta diretora da maior escola de educação física do país. Hoje, reeleita e iniciando o segundo ano do segundo mandato, sou mobilizada cotidianamente pela seguinte questão: como eu, mulher preta, sempre corpulenta, totalmente fora dos padrões hegemônicos de uma dança e de uma educação física nascidas em uma escola de matrizes militaristas, eugenistas e de embranquecimento, compartilho uma prática de gestão na contramão desses padrões?

Nessa gira dançada, nessa dança que gira, me redescobri junto ao Grupo PECDAN (Pesquisa em Cinema e Dança) e ao GrupAR (Grupo de Pesquisa Ancestralidades em Rede). Fundado em outubro de 2018, o grupo vem desenvolvendo encontros e ações que priorizam partilhas, as quais sinalizam a urgência de se criar e sedimentar espaços de interação dialógica na UFRJ (intra e extramuros), dos saberes pretos, saberes dos povos tradicionais e originários, nos múltiplos espaços de formação na contemporaneidade. Tais espaços vêm gerando encontros que predominam sobre movimentos fragmentários, cultivando, assim, o desejo da transformação do cenário ora prevalente da segmentação e da dissidência, o que no status quo evidencia, de modo contundente, a desigualdade estrutural dos atores/atrizes sociais. Tal desigualdade favorece apropriações dos Corpos marginalizados, que legitimam manobras preconizadoras da opressão, do preconceito, da discriminação, do crime de ódio, do feminicídio, da homofobia, da devastação de aldeias indígenas, da invasão e destruição de comunidades de terreiro, entre outros atos de intolerância e desrespeito aos direitos individuais e coletivos no convívio entre seres humanos. Esta iniciativa estrutura-se em diferentes campos artísticos e busca fomentar diálogos e proposições que possam provocar modos de fazeres conjuntos a fim de ultrapassar os muros da desigualdade, por trás dos quais estão oprimidos – e, em muitos casos, aprisionados – Corpos excluídos pelos padrões hegemônicos de sociedades forjadas no colonialismo. O grupo é constituído por quinze instituições de ensino, arte e cultura, públicas e privadas, formais e não formais, entre os estados do Rio de Janeiro, Bahia, Minas Gerais e Pernambuco, além do Distrito Federal, o que confirma o seu caráter interinstitucional e interestadual, tendo como interlocutora a EEFD/UFRJ[5]. A interinstitucionalidade, neste caso, privilegia fluxos contínuos para além dos limites das fronteiras geográficas e regionais, considerando todos os territórios físicos e simbólicos, bem como as práticas

5 Instituições GrupAR: Associação Afrobrasileira Casa do Tesouro - Egbe Ile Omidewa Ase Igbolayo-MG, Centro Coreográfico da Cidade do Rio de Janeiro, Cia Étnica de Dança/RJ, Centro Federal de Educação Tecnológica Celso Suckow da Fonseca-RJ, Casa do Jongo/RJ, Coletivo Negra Ação/RJ, Cia Rubens Barbot Teatro de Dança-RJ, Encontro de Saberes do Instituto Nacional de Ciência e Tecnologia de Inclusão no Ensino Superior e na Pesquisa - UnB-GO, Núcleo de Estudos Contemporâneos do Corpo Negro/Faculdade Angel Vianna-RJ, Performar Memórias na Dança-RJ, Escola de Teatro e PPGAC/UFBA-BA, Escola de Teatro/UNIRIO-RJ, UFF-RJ, UFRJ-RJ, Companhia Arte Folia-PE, ESLIPA-RJ (Escola Livre de Palhaços).

culturais peculiares a cada um deles. Entre diversas produções, o GrupAR desenvolveu tramas de encontros em torno do Corpo Preto como Protagonista nos Espaços de formação, conforme pode ser visionado, de forma compacta, nos vídeos "Partilhas de saberes" (2019), "Corporeidades pretas" (2020) e "*Ojú Ará Dudu* – corpo negro: memórias em movimento" (2021).

Sigo assim diariamente dançando a minha Dança que não para de girar e percebo que preciso, devo continuar dançando *CorpoKatyaPombagira*, a Rosa como sendo Corpo dançante-poético. Percebo que preciso dar prosseguimento aos contágios, isto é, ser contagiada e contagiar a cada nova experiência em que nós *CorposMulheresPombagiras* potencializamos o exercício da gestão, como prática da Arte e da Educação.

Estamos falando de mudanças, desvios, digressões de tempos e espaços nos quais a partilha acontece com todos os seus possíveis e é acrescida por cada um, por todas aquelas que identificamos em cada experiência vivida e ainda por aquelas que, embora não legíveis, não visíveis, nem audíveis, marcaram e marcam as suas presenças de maneira viva e real – Vidas que se prolongam, renovadas em possibilidades de encontros entre os Corpos que vieram antes, os Corpos aqui/agora e o os Corpos por vir... Muito antes do nascimento de um bebê... Durante toda a Vida a partir da fecundação... Para muito além da conhecida morte no senso comum.

Estamos falando de Ancestralidades, de trânsito descontínuo, não linear. Estamos falando de um sem-número de acontecimentos os quais os contornos físicos não dão conta, porque são delimitadores. Não estaríamos nós diante de **Ancestralidades em Rede** que precisamos acessar em tessituras, processos construídos, buscando a produção de pertencimentos pela aglutinação?

A Pombagira nos concede a possibilidade de transcender os contornos, experimentar deslocamentos, mobilidade de pontos de vista. Traz uma lógica de ética muito diferente daquela que rege os padrões sociais hegemônicos do mundo das opiniões onde convivemos.

Ela GIRA. Ela é GIRA!!!

CorpoKatya e a potência Maria Mulambo prolongam-se entre si e para além de si mesmas como um *continuum* em movimentos dançados, constituindo-se em poderosas danças enigmáticas.

A Pombagira (o movimento de circularização – a gira) desritualiza a realidade que continua girando em cada uma de nós. Estamos falando de potências que, na relação, são afetadas e prolongam-se entre si e para além de si mesmas, gerando potências ulteriores que seguem se prolongando.

Nessa direção de entendimento, precisamos experienciar cartografias da inclusão, atentando-nos para os prolongamentos a serem vistos e ouvidos. É certo que a exclusão tem inúmeros marcadores e camadas que precisam ser assinaladas, discutidas e, a partir daí, estratégias e políticas precisam ser encaminhadas, rumo à reparação. Mas requer ações, reafirmações em todos os níveis de presença e graus de coletivização. A pandemia da covid-19 acirrou o caos. Os Corpos desprivilegiados ficaram ainda mais marginalizados, e esses Corpos, em sua grande maioria, infelizmente são pobres e têm cor – a cor preta.

No momento, ainda marcados e sofridos pela covid-19, os espaços por onde transitamos – inclusive os simbólicos – foram e continuam sendo fortemente alterados; para quem contraiu o vírus e para quem não o contraiu, para quem perdeu entes queridos próximos e para quem não perdeu, porque todEs nós estamos diante de cartografias influenciadas por elevados índices de óbitos, em inúmeros níveis e graus, em grande medida vividos no confinamento da solidão por conta do distanciamento social que nos foi impelido ao longo de dois árduos anos.

Evidentemente, os mapas estão ganhando contornos outros, desenhados por essas experiências de Vida. Nossas posturas, atitudes, valores, desejos, comportamentos, políticas escrevem textos, discursos, não mais circunscritos naqueles lugares anteriores à pandemia, estes não existem mais. Somos Corpos marcados, vilipendiados, agredidos e açoitados pela covid. Essas marcas, ainda que cicatrizem, não vão desaparecer com as vacinas!

Proponho pensarmos nas cartografias, com as suas marcas, feridas e seus espaços alternativos de interação inventados para buscarmos o oxigênio e seguirmos na luta contra as desigualdades.

A construção de coabitares produzem e carregam em seu ventre o próprio germe de sua transformação, jamais para substituir velhas hegemonias acadêmicas por novas (NÃO! Exu nos livre desse terror!!!), mas para salvaguardar e assegurar o processo contra-hegemônico em permanente curso, em contínuas circularidades, em consonância com as confluências e transfluências e confluências de seus coabitantes e passageiros (GUALTER; COSTA; BRAGA; BARRETO DA SILVA; SILVA, 2020).

Antonio Bispo dos Santos (2015) nos ajuda a pensar com primor sobre coabitares. Um semeador de palavras, Bispo não perde a oportunidade de criar e recriar conceitos tradutores do pluriverso dos mundos dos povos e comunidades tradicionais e que abalam o nosso mundo eurocristão, eurocêntrico, como os conceitos de contracolonização ao invés de descolonização, confluência e transfluência, saberes orgânicos em contraponto aos saberes sintéticos.

Em sinergia com a tão potente semeadura, o *CorpoPombagira* gera espaços de interação que sustentam a produção de conhecimento a partir de diálogos interepistêmicos e da dessubalternização como reação a realidade dos Corpos desprivilegiados, marginalizados, "silenciados", "invisíveis" reafirmando as Ancestralidades e Encantamentos geradores de forças aglutinadoras, fortalecimento de elos, na formação de Corporeidades fortemente influenciadas pelo Coletivo. Em prolongamentos contínuos que jamais se esgotam, produzem mapas que aquiescem, a cada prolongamento, novos e novos e novos contornos, consoante com Machado (2014), quando discorre sobre Ancestralidades e Encantamentos como inspirações formativas.

Compartilho, agora, a letra de uma canção linda que dialoga demais com o momento em que vivemos, do distanciamento social, sem os contatos corporais que tanto nos alimentam, afagam e revigoram. A canção "Carinhoso" é de autoria de Pixinguinha, homem preto, maestro, flautista, saxofonista, compositor e arranjador brasileiro que me foi apresentado pelos meus avós paternos.

Alfredo da Rocha Vianna Filho, conhecido como Pixinguinha, é considerado um dos maiores compositores da música popular brasileira. Nasceu em 23 de abril de 1897, dia de São Jorge – no sincretismo no Rio de Janeiro, Ogum. Morreu aos 75 anos em Ramos, bairro que adorava, no subúrbio carioca, e no qual viveu os seus últimos anos de vida. "Carinhoso" é uma das suas obras mais importantes. Foi composta por ele entre 1916 e 1917 (sendo anterior ao seu ingresso, em 1933, como estudante, no então Instituto Nacional de Música, atual Escola de Música da Universidade Federal do Rio de Janeiro). Posteriormente "Carinhoso" recebeu letra de João de Barro, sendo gravada com grande sucesso por Orlando Silva em 1937 (EMB, 1998).

Na busca de reforçar o processo de construção coletiva, convido você leitor, leitora, leitore para mobilizar seus afetos: experimente levantar, cantar e dançar "Carinhoso". Ouça a sua voz interior e, se for o caso, chame parceires cujos caminhos entrecruzaram e entrecruzam os seus, para viverem junto com você essa experiência, que ganha vitalidade no exercício do compartilhar, do confluenciar, do transfluenciar e confluenciar novamente, configurando circularidades, giras, onde todes os/as girantes são protagonistas.

Meu coração, não sei por quê
Bate feliz quando te vê
E os meus olhos ficam sorrindo
E pelas ruas vão te seguindo
Mas mesmo assim, foges de mim
Ah, se tu soubesses
Como eu sou tão carinhosa
E o muito, muito que te quero
E como é sincero o meu amor
Eu sei que tu não fugirias mais de mim
Vem, vem, vem, vem
Vem sentir o calor dos lábios meus…
À procura dos teus
Vem matar esta paixão
Que me devora o coração
E só assim então
Serei feliz, bem feliz.

É preciso unir as lutas, sem abrir
mão das especificidades.
Kabengele Munanga

REFERÊNCIAS

ESPINOSA. **O que pode o corpo?** Disponível em: https://razaoinadequada.com/2013/08/25/espinosa-o-que-pode-o-corpo/. Acesso em 22 jan. 2023.

Enciclopédia da Música Brasileira (EMB): erudita, folclórica e popular. Pixinguinha. 2ª edição. São Paulo: **Publifolha**, 1998, pp. 633-636

GUALTER, Katya Souza. Senhora da Encruzilhada: perspectivas dialógicas da dança com o audiovisual. Campinas, 2014. 169 p. Tese de doutorado em Artes da Cena. Instituto de Artes, **Universidade Estadual de Campinas** (UNICAMP). Campinas, 2014.

GUALTER, Katya Souza. CorpoPombagira - por uma gestão de si, na prática da Arte Educação. Palestra. **Lab Corpo Palavra** - Coreografias e Dramaturgias Cartográficas. 3 de fevereiro de 2021. Disponível em: https://youtu.be/DOnmKU3K4Qg. Acesso em 28 dez. 2022.

GUALTER, Katya Souza; COSTA, Samira Lima da; BRAGA, Marilia Rameh Reis de; BARRETO DA SILVA, Renato Mendonça; SILVA, Raphael Luiz Barbosa da. Corporeidades pretas em trânsito: expandindo e firmando territórios. In: CONRADO, Amelia Vitoria; ALCÂNTARA, Celina Nunes de; FERRAZ, Fernando Marques Camargo; PAIXÃO, Maria de Lourdes Barros da. (org.). **Dança e diáspora negra:** poéticas políticas, modos de saber e epistemes outras. Coleção Quais danças estão por vir? Trânsitos, poéticas e políticas do corpo. Salvador: ANDA, 2020. pp. 646 - 662. Disponível em: https://portalanda.org.br/wp-content/uploads/2020/12/ANDA-2020-EBOOK-6-DAN%C3%87A-E-DI%C3%81SPORA.pdf. Acesso em 9 set. 2022.

GUALTER, Katya Souza; SOUZA, Maria Inês Galvão. Corpos em dança: deslocamentos de tempos e espaços. In: Anais da XI Reunião Científica ABRACE, 2019, Campinas. **Universidade Estadual de Campinas** (UNICAMP). Disponível em: https://www.publionline.iar.unicamp.br/index.php/abrace/article/view/4540/4614. Acesso em 23 out. 2022.

MACHADO, Adilbênia Freire. Ancestralidade e Encantamento como inspirações formativas.: filosofia africana e práxis de libertação. In: **Páginas de Filosofia**, v. 6, n. 2, pp. 51-64, jul./dez. 2014. Disponível em: file:///C:/Users/eefd1/Downloads/6300-22677-2-PB.pdf. Acesso em 02 fev. 2021.

MUNANGA, Kabengele. **Negritude**: usos e sentidos. Belo Horizonte: Autêntica, 2019.

SANTOS, Antonio Bispo dos. **Colonização, quilombos**: modos e significações. Brasília: INCTI/CNPq, 2015.

SANTOS, Alexandre Carvalho dos; GUALTER, Katya Souza; SILVA, Raphael Luiz Barbosa da; DAMASCENO, Tatiana Maria. Ojú Ará Dudu – corpo negro: memórias em movimento. **Anais do 6º Congresso Científico Nacional de Pesquisadores em Dança** – 2ª edição virtual. Salvador: ANDA, 2021. pp. 2462-2476. Disponível em: https://proceedings.science/anda/anda-2021/papers/oju=-ara-dudu---corpo-negro--memorias-em-movimento?lang-pt-br. Acesso em 22 jan. 2023.

SOUZA, Iure Santos de. Cartografia e performance: entrecruzamentos corporais. Dissertação de mestrado em Geografia. Programa de Pós-Graduação em Geografia da **Universidade Federal do Espírito Santo - UFES**. 2018. Disponível em: https://sappg.ufes.br/tese_drupal//tese_12736_DISSERTA%C7%C30%20MESTRADO%20IURE%20SOUZA-converted.pdf. Acesso em 03 fev. 2021.

VÍDEOS

Senhora da Encruzilhada (Gualter, Brasil, 2014, 16min). Disponível em: https://youtu.be/W_TPdgndqYY. Acesso em 08 out. 2022.

Partilhas de saberes com os Mestres Manoel Dionísio e Clyde Morgan (Gualter & Brêtas, Brasil, 2019, 9min). Disponível em: https://www.youtube.com/watch?v=jNYqyh4h7D8&feature=youtu.be. Acesso em 08 out. 2022.

Corporeidades pretas na EEFD (Gualter & Brêtas, Brasil, 2020, 10min). Disponível em: https: https://www.youtube.com/watch?v=SPNbVMkO-s4. Acesso em 08 out. 2022.

Ojú Ará Dudu - corpo negro: memórias em movimento (Gualter, Damasceno, Santos, Silva, 2021, 11min). Disponível em: https://www.youtube.com/watch?v=3u6COOFeNps. Acesso em 03 jun. 2021.

o lugar da
palavra
está
sempre às
possibilidades

MINIBIOS DAS AUTORAS(ES)

ALINE BERNARDI
Artista transdisciplinar, pesquisadora e professora das artes do corpo e da cena, com interesse pelos trânsitos entre dança e escrita no processo de criação. Diretora artística do selo Celeiro Moebius. Criadora e propositora do Lab Corpo Palavra. Autora do livro-performance *Decopulagem*. Mestra em Dança no Programa PPGDan da Universidade Federal do Rio de Janeiro (UFRJ) e pós-graduada em Preparação Corporal para as Artes Cênicas pela Faculdade Angel Vianna (FAV). Aperfeiçoamento em Performance pelo Programa F.I.A., no c.e.m., em Lisboa. Graduada em licenciatura plena em Dança/FAV. Formação Técnica em Dança Contemporânea pela EAV. Certificada nos Módulos Introdutório e CS1 das Técnicas de Terapia Crânio Sacro pela Upledger Brasil. Capacitação no Método Bertazzo de Reeducação do Movimento. Professora Substituta de Dança do Colégio Pedro II – Unidade Realengo II [2018- 2019], sendo fundadora do NACE - Núcleo de Artes Cênicas. Idealizadora do site Contato Improvisação Brasil. Curadora, artista e gestora do programa Entre Serras: Residências Artísticas e Poéticas da Sustentabilidade.

ANA KFOURI
Diretora teatral e atriz. Pós-doutora no Programa de Programa de Pós-Graduação em Artes da Cena (PPGAC) da Escola de Comunicação da Universidade Federal do Rio de Janeiro (ECo/UFRJ). Doutora em Artes Visuais pela UFRJ, professora do Curso de Artes Cênicas da Pontifícia Universidade Católica do Rio de Janeiro (PUC-Rio) e uma das coordenadoras do primeiro curso de Pós-Graduação Lato Sensu em Artes Cênicas da PUC-Rio: Relações entre Corpo e Palavra nas Artes da Cena e da Imagem. Lançou seu livro *Forças de um corpo vazado* pelas editoras 7Letras e PUC-Rio, em 2019. Criou o Centro de Estudos Ana Kfouri, CEAK, em 2017, dedicado a pesquisas artísticas.

CIANE FERNANDES
Professora titular da Escola de Teatro da Universidade Federal da Bahia (UFBA), uma das fundadoras do Programa de Pós-Graduação em Artes Cênicas desta universidade, professora no PPG-Dança da UFBA, e pesquisadora de produtividade pelo CNPq. M.A. e Ph.D. em Artes e Humanidades para Intérpretes das Artes Cênicas pela New York University, e certificada em Análise de Movimento pelo Laban/ Bartenieff Institute of Movement Studies (Nova York), onde é pesquisadora associada. É diretora e performer do Coletivo A-FETO de Dança-Teatro da UFBA desde sua fundação, em 1997.

HÉLIA BORGES
Psicanalista, membro do Grupo Brasileiro Sandor Ferenczi; doutora IMS/UERJ; professora da graduação e do PPGDAN da Faculdade de Dança Angel Vianna. Livros publicados: *O movimento, o corpo e a clínica* (São Paulo: EBook, 2016); *A clínica contemporânea e o abismo do sentido* (Rio de Janeiro: 7Letras, 2019) e *Sopros da pele, murmúrio do mundo* (Rio de Janeiro: 7Letras, 2019).

IVAN MAIA
Poeta, ator, compositor e praticante de improvisação em dança. Fez pós-doutorado na Universidad de La República (UDELAR) do Uruguai. Doutor em Educação pela Universidade Federal da Bahia (UFBA) e mestre em Filosofia pela Universidade do Estado do Rio de Janeiro (UERJ). É professor do bacharelado interdisciplinar em Artes do Instituto de Humanidades, Artes e Ciências (IHAC) e do Doutorado em Difusão do Conhecimento, na UFBA, e professor do mestrado interdisciplinar em Humanidades na Universidade da Integração Internacional da Lusofonia Afro-Brasileira (UNILAB). Como poeta, publicou *Poemas Políticos* (2022), *Azulírico* (2009), *Vibrasons dos sonhos* (2000) e *A semente precoce* (1993), além de participar e organizar coletâneas e zines. Organizou e participou de saraus em Recife/PE, onde nasceu, assim como no Rio de Janeiro, no Ceará e na Bahia. Como ator formado na Fundação Joaquim Nabuco (PE), realizou performances individuais e coletivas. Como compositor, tem algumas canções gravadas por parceiros musicais, sendo a mais recente “Cante, dance, lance”, com Jonga Lima. Sua tese de doutorado foi publicada em 2020 com o título “Corpoema: a vida como obra de arte”.

KATYA GUALTER
Artista docente e pesquisadora da dança. Doutora em Artes da Cena pela Universidade Estadual de Campinas (UNICAMP). Mestre em Tecnologia Educacional e licenciada em Educação Física pela Universidade Federal do Rio de Janeiro (UFRJ). Como diretora da Escola de Educação Física e Desportos da UFRJ, é gestora de um dos maiores corpos sociais da dança e da educação física do país. Coordenadora do Laboratório PECDAN (Pesquisa em Cinema e Dança/UFRJ) e do projeto Poéticas no Cotidiano sob Olhares de Exu e Pombagira. Coordena também o GrupAR/Grupo de Pesquisa Ancestralidades em Rede. Integra a equipe responsável pela adesão da UFRJ à Rede Nacional Encontro de Saberes, cujo objetivo central é promover a inclusão dos saberes e práticas tradicionais no ensino superior, em relações equiparadas entre mestres/mestras das culturas tradicionais e docentes das universidades. Integra o Coletivo de Docentes Negros, o Núcleo de Estudos Afro-Brasileiros e Indígenas (NEABI), a Câmara de Políticas Raciais e o Conselho Gestor da Superintendência de Saberes Tradicionais da UFRJ.

IGNEZ CALFA
Artista, educadora, professora aposentada dos cursos de graduação e pós-graduação em Dança da Universidade Federal do Rio de Janeiro (UFRJ). Doutora em Poética (UFRJ), mestre em Ciência da Arte (UFF), possui formação em dança e em educação física na Faculdade Angel Vianna (FAV) e na UERJ, respectivamente. Professora colaboradora na elaboração do projeto do curso de licenciatura em Dança na UFRJ e na criação e realização do curso de pós-graduação em Dança-Educação (lato sensu) para professores da rede pública de ensino da Secretaria Municipal do Rio de Janeiro. Professora do ensino fundamental e do ensino médio da rede pública da Secretaria Municipal e Estadual do Rio de Janeiro durante vinte anos, integrante do

Projeto de Linguagens Artísticas da SME/RJ. Coordenadora do Laboratório de Arte Educação (LAE) do Departamento de Arte Corporal - UFRJ, é pesquisadora dos Estudos da Corporeidade e do Pensamento Poético e suas relações nos processos pedagógicos e artísticos do Corpo e da Linguagem na Dança-Educação. Idealizadora e coordenadora dos projetos de extensão Corporeidade, Memória e Linguagem nos Aprofundamentos da Escrita Poética em Dança, realizados em parceria com a Cidade de Tiradentes/MG, com o Centro de Defesa dos Direitos Humanos (CDDH/Petrópolis) e no Projeto Luar de Dança (Caxias/RJ).

LIDIA COSTA LARANGEIRA
Artista da dança, trabalhou com coreógrafos como Holly Cavrell, Luiz Mendonça, Regina Miranda, Andrea Jabor e Lia Rodrigues. Professora dos cursos de graduação em Dança da Universidade Federal do Rio de Janeiro (UFRJ) e coordenadora, junto com Ruth Torralba, do Núcleo de Pesquisa, Estudos e Encontros em Dança – onucleo, com o qual vem investigando dramaturgias contracoreográficas. Doutora em Artes pela Universidade do Estado do Rio de Janeiro (UERJ), escreveu a tese "Coreografias e contracoreografias de levante: engajando dança, escrita e feminilidade". Autora do solo de dança *Brinquedos para esquecer ou práticas de levante*, uma parceria com Sérgio Andrade como dramaturgista.

LÍGIA TOURINHO
Artista do movimento: atriz e artista da dança. Pesquisadora da Dança e das Artes da Cena carioca, docente da Universidade Federal do Rio de Janeiro (UFRJ) desde 2004. Dedica-se tanto à criação artística quanto à pesquisa em artes, atuando em projetos no campo da preparação corporal, da improvisação, das dramaturgias do corpo, das práticas somáticas e das lutas das mulheres. Doutora em Artes, mestre em Artes e bacharel em Artes Cênicas pela Universidade Estadual de Campinas (UNICAMP). Especialista em Laban/Bartenieff pela Faculdade Angel Vianna (FAV) e Analista do Movimento pelo Laban Institute of Movement Studies (CMA/LIMS/Nova York). Professora associada do Departamento de Arte Corporal da UFRJ com atuação nos cursos de bacharelado em Dança, bacharelado em Teoria da Dança, licenciatura em Dança e bacharelado em Direção Teatral. É professora permanente dos programas de pós-graduação em Artes da Cena (PPGAC) e em Dança (PPGDan), do qual foi a primeira coordenadora (entre 2019-2021) e presidente da comissão de idealização e implementação. É professora convidada da Pós-Graduação em Laban/Bartenieff da Faculdade Angel Vianna (FAV-RJ) e da Pós-Graduação em Ensino de Dança Clássica da Escola Estadual de Dança Maria Olenewa, do Theatro Municipal.

MARIA ALICE POPPE
Bailarina, pesquisadora, professora e colaboradora em processos de criação de dança contemporânea. Seu último espetáculo, *Anatomias*, estreado no Sesc Copacabana em outubro de 2022, aborda a arquitetura do corpo do erotismo pela fragmentação, em uma tensão entre a imagem e a presença. Interessada no diálogo interdisciplinar, investiga o corpo e suas relações poético-políticas

com o chão, com a gravidade e com a queda em uma perspectiva híbrida de gesto e pensamento, dança e artes visuais. Licenciada em dança pela Faculdade Angel Vianna (FAV) e mestre em Artes Visuais pela Universidade Federal do Rio de Janeiro (UFRJ), lecionou por 15 anos no Curso Técnico e na Licenciatura em Dança da Escola e Faculdade Angel Vianna. Doutora em Artes Cênicas pela Universidade Federal do Estado do Rio de Janeiro (UNIRIO), com estágio doutoral no exterior pela Coventry University, atua como professora adjunta nos cursos de dança da UFRJ, desde 2010, e como colaboradora no Programa de Pós-Graduação em Estudos Contemporâneos da Artes da Universidade Federal Fluminense (UFF), desde 2021.

ONDJAKI
Nasceu em Luanda, em 1977. É doutorado em Estudos Africanos (L'Orientale, Napoli/Itália). Prosador e poeta, também escreve para cinema. É membro da União dos Escritores Angolanos. Recebeu os prêmios Sagrada Esperança (Angola, 2004); Conto – A.P.E. (Portugal, 2007); FNLIJ (Brasil, 2010 e 2014); Jabuti Juvenil (Brasil, 2010); José Saramago (Portugal, 2013) e Littérature-Monde (França, 2016) com o livro *Os transparentes*. Está traduzido para os idiomas francês, espanhol, italiano, alemão, inglês, sérvio e sueco. Ocasionalmente, é professor de escrita criativa. Em 2023 (Évora, Portugal) recebeu o prémio Literário Vergílio Ferreira pelo conjunto da sua obra.

RUTH TORRALBA
Artista em processo de retomada de sua ancestralidade indígena. Professora dos cursos de graduação e do Programa de Pós-Graduação em Dança da Universidade Federal do Rio de Janeiro (PPGDan/UFRJ), coordena com Lidia Larangeira o Núcleo de Pesquisa, Estudos e Encontros em Dança (onucleo) na mesma instituição. Apoiadora e colaboradora da Universidade Indígena Pluriétnica e Multicultural Aldeia Maraka'nà (RJ). Integrante do Núcleo de Estudos Afro-Brasileiros e Indígenas (NEABI) da UFRJ. Autora do livro *Sensorial do corpo: via régia ao inconsciente*. Atualmente tem voltado sua pesquisa para questões relativas à contracolonização das práticas de dança, aos encontros de saberes, à ancestralidade, à cura do corpo e do território.

SANDRA BENITES GUARANI NHANDEWA (NOME EM GUARANI: **ARA RETE**)
Nascida na Terra Indígena Porto Lindo, município de Japorã (MS), é mãe, pesquisadora e ativista Guarani. Professora de história e filosofia para o ensino fundamental e médio. Mestra e doutoranda em Antropologia Social pelo Museu Nacional da Universidade Federal do Rio de Janeiro (UFRJ). Diretora de Artes Visuais da Fundação Nacional de Artes - Funarte. Atuou como curadora adjunta no Museu de Arte de São Paulo (MASP) e assinou a curadoria da exposição *Dja Guata Porã | Rio de Janeiro Indígena*, no Museu de Arte do Rio de Janeiro (MAR). Supervisora e consultora da programação cultural e exposição no Museu das Culturas Indígenas de São Paulo. Coautora, com a artista brasileira e curadora Anita Ekman, da exposição *Ka'a Body - Cosmovision of the Rainforest*, em Londres (Paradise ROW) e Paris (Radicantes). Ministrou palestras em diferentes instituições

do mundo, como o Hammer Museum (Los Angeles), o MoMA (Nova York) e o Peabody Museum de Harvard (Cambridge).

SORAYA JORGE
Artista, educadora, terapeuta, especialista em pesquisa do movimento e estudiosa das somáticas. Formada pela Escola e Faculdade Angel Vianna (FAV), onde é também professora há mais de 30 anos. Introdutora da Disciplina do Movimento Autêntico no Brasil e Lisboa. Cocriadora do CIMA, Centro Internacional do Movimento Autêntico no Brasil, e do seu Processo Formativo junto com Guto Macedo. Doutoranda em Dança pela Faculdade de Motricidade Humana da Universidade de Lisboa (FMH/ULisboa). Professora Internacional Certificada pelo programa The Discipline of Authentic Movement of Circles of Four Faculty, fundado por sua criadora, Janet Adler. Parte da equipe como facilitadora no curso Psicologia e Anatomia Sensível I (BMM – Body Mind Movement), com Mariana Camarote, iniciadora do BMM no Brasil. Terapeuta do método Somatic Experiencing® (em tradução livre, Experiência Somática). Com Fernanda Eugênio, vem construindo uma parceria consistente de conversas, práticas e estudos entre amplos campos de pesquisas práticas da Antropologia e a Somática – Modo Operativo AND e o Movimento Autêntico.

LINKS PARA AS OBRAS ARTÍSTICAS E OS DESDOBRAMENTOS PEDAGÓGICOS DO LAB CORPO PALAVRA

Selo artístico Celeiro Moebius
website: www.alinebernardi.com/celeiro-moebius
Instagram: @celeiromoebius
YouTube: www.youtube.com/CeleiroMoebius

Dissertação de Aline Bernardi "Lab Corpo Palavra: correspondências moébidicas entre poéticas cartográficas"
Defesa (online) de mestrado no programa PPGDan/UFRJ (2021): bit.ly/3DNLy7O
Intervenções artesanais da dissertação de mestrado de Aline Bernardi: bit.ly/43Va69f
A dissertação na íntegra está disponível no repositório da UFRJ.

Lançamento nacional da residência artística Lab Corpo Palavra: Coreografias e Dramaturgias Cartográficas - Prêmio Fomento a Todas as Artes - Lei Aldir Blanc 2021
Aline Bernardi, Lígia Tourinho e Diego Dantas convidam Dulce Aquino (ANDA e PPGPDan/FAV), Márcia Feijó (FAV), Sueli Guerra (CPII), Maria Inês Galvão (PPGDan/UFRJ), Rosane Campello (Adolpho Bloch), Bete Spinelli (SPDRJ), Flavia Meireles (CEFET), Tania Alice (UNIRIO), Adriana Pavlova (O Globo) e Fabiano Carneiro (FUNARTE): bit.ly/3DLdnxh

Ciclo de Palestras Lab Corpo Palavra - Prêmio Fomento a Todas as Artes - Lei Aldir Blanc 2021
Hélia Borges: bit.ly/45fzO4D
Sandra Benites: bit.ly/45dADjT
Katya Gualter: bit.ly/3DNlhX4
Maria Alice Poppe: bit.ly/3DLXsij
Ondjaki: bit.ly/44XSYkJ
Ana Kfouri: bit.ly/3YFDI9X
Ciane Fernandes: bit.ly/3KxEhwB

Rodas de Conversa Práticas do Corpo - Prêmio Fomento a Todas as Artes - Lei Aldir Blanc 2021
Soraya Jorge, Ruth Torralba e Lídia Larangeira: bit.ly/44ODO7W
Ana Paula Bouzas e Pedro Sá Moraes: bit.ly/3s89Otx

Mostra Artística Cartografias sensíveis - Prêmio Fomento a Todas as Artes - Lei Aldir Blanc 2021
Dia 1: bit.ly/45kCFOO
Dia 2: bit.ly/3Osimb1
Dia 3: bit.ly/3OOLwTr
Dia 4: bit.ly/3QrtBmL

Coleção Cadernos Sensórios Corpo Palavra
e-book 1 - *Vertigem infinita* - ed. Primavera 2020
e-book 2 - *Forças intermoleculares* - ed. Verão 2021 - Prêmio Fomento a Todas as Artes - Lei Aldir Blanc
e-book 3 - *Texturas translúcidas* - ed. Outono 2022
Acesse em: www.alinebernardi.com/cadernos-sensórios-corpo-palavra

Aula introdutória do Lab Corpo Palavra
Prêmio Cultura Presente nas Redes, da Secretaria Estadual de Cultura e

Economia Criativa do Rio de Janeiro (2020): bit.ly/47jULSL

Obras artísticas

Decopulagem - espetáculo de dança e livro performance (2019): bit.ly/3QuKGwn

Decopulagem - show performativo (2019): bit.ly/3KvRqpK

Encantografar (videoperformance) - Prêmio Fomento a Todas as Artes - Lei Aldir Blanc 2021: bit.ly/3KxaRid

Mãoebius (videodança) - Prêmio Fomento a Todas as Artes - Lei Aldir Blanc 2021: bit.ly/3ONQakg

Territórios de existência (intervenção performática em espaço público) - resultado do percurso de oficinas realizado no Espaço Corpo do Sesc Copacabana (2017): bit.ly/3qkKgOf

escrita: terra, água, sangua (videoarte) - Prêmio Funarte Respirarte 2020: bit.ly/3ONOyHA

Materia/Substance (videodança animação a partir do livro *Matéria de poesia*, de Manoel de Barros): bit.ly/3OPzzwQ

Leituras poéticas do e-book *Forças intermoleculares*: bit.ly/3qfJBOK

Participações (online em congressos e eventos acadêmicos

Participação do Lab Corpo Palavra no lançamento do canal PPGDan/UFRJ: bit.ly/3OstwfV

Lançamento internacional da coleção Cadernos Sensórios Corpo Palavra e do e-book *Vertigem infinita* no III Colóquio Internacional de Investigación en Artes da Universidade de Caldas, na Colômbia (2020): bit.ly/3qcYmkY

Comunicação oral no Congresso da ANDA - Associação Nacional de Pesquisadores da Dança (2020): bit.ly/44WEUHX

Participação na Slamlipa - Slam das Minas RJ com Eslipa, através do Lab Cultura Viva - Redes de Ações Culturais da Extensão UFRJ (2021): bit.ly/3qeALQR

Mostra Angel Vianna (edição virtual) - Jogos de experimentações das grafias sensoriais do Lab Corpo Palavra criadas durante o curso de extensão universitária da Faculdade Angel Vianna (2021): bit.ly/44Ozr1u

Artigos em anais, capítulos de livros, blogs e revistas

Capítulo “A transgressão nas vias de aprendizagens”, de Aline Bernardi - e-book II *Convocações em dança: conexões indisciplinares na práxis profissional*, ed. Bordô Grená (2023): www.editorabordogrena.com/cópia-e-books-2022

Capítulo “Lab Corpo Palavra: encruzilhadas cartográficas nas criações e pedagogias artísticas”, de Aline Bernardi e Lígia Tourinho - livro *Viral: dança e outras disseminações* (2021): www.editorapenalux.com.br/catalogo-titulo/viral

Capítulo “Lab Corpo Palavra: micropolítica ativa nas atividades remotas”, de Aline Bernardi e Lígia Tourinho - e-book *Carnes vivas: dança, corpo e política*, ed. ANDA (2020): portalanda.org.br/publicacoes/

Artigo “Caminhos de ativação das potências expressiva e afetiva nas articulações políticas dos processos remotos de criação artística”, de Aline Bernardi e Lígia Tourinho. Anais do 6o Congresso Científico Nacional de Pesquisadores em Dança, ed. ANDA (2021): bit.ly/3s8m5TF

Artigo “Lab Corpo Palavra: contato improvisação e trajetos cartográficos para o exercício de uma escrita em devir-queda”, de Aline Bernardi. Anais do VI Congresso Nacional de Pesquisadores em Dança, ed. ANDA (2019): bit.ly/3KrV1VJ

Artigo "Materialidades e superfícies dançantes nos rituais de escrita", de Aline Bernardi e Diane Portella. Anais do XI Congresso da ABRACE - Artes Cênicas e Direitos Humanos em Tempos de Pandemia e Pós-Pandemia (2021): www.publionline.iar.unicamp.br/index.php/abrace/index

Artigo "Decopulagem: artesanias, alfaiatarias e andarilhagens", de Aline Bernardi. Anais da X Reunião Científica ABRACE (2019): www.publionline.iar.unicamp.br/index.php/abrace/issue/view/115

Revista Lab Corpo Palavra: coreografias e dramaturgias cartográficas (2021): www.alinebernardi.com/lab-corpo-palavra

Ensaio "Encantografando gestos relacionais entre telas", de Aline Bernardi e Flavia Dalla. Revista (digital) *Quarta Parede* - Dossiê 19 - Artesanias Digitais (2022): https://4parede.com/19-artesanias-digitais-encantografando-gestos-relacionais-entre-telas/

Ensaio "Rituais de começo com as escritas corporais", de Aline Bernardi. *Revista Usina* (digital - 2022): https://revistausina.com/2022/07/18/rituais-de-comeco-com-as-escritas-corporais/

Decopulagem - livro- performance de Aline Bernardi (2019 e 2023): comprar livro através do e-mail celeiromoebius@gmail.com

ÍNDICE REMISSIVO

M

N

O

P

V

W

Z

Lab Corpo Palavra: chão para uma prática de escritas dançadas

ORGANIZADORAS **Aline Bernardi e Lígia Tourinho**
ORGANIZADOR DA COLEÇÃO PPGDAN **Felipe RIbeiro**
EDITOR **Renato Rezende**
PROJETO GRÁFICO **Fernanda Porto**
REVISÃO **Ingrid Vieira**
IMAGEM CAPA **Helena Cooper**
IMAGENS MIOLO **Arquivo Lab Corpo Palavra e Helena Cooper**

Catalogação na publicação
Elaborada por Bibliotecária Janaina Ramos – CRB-8/9166

L112

Lab Corpo Palavra: chão para uma prática de escritas dançadas / Organizadoras Aline Bernardi, Lígia Tourinho. – Rio de Janeiro: Circuito, 2023.

272 p., fotos.; 15,5 x 23 cm

ISBN 978-65-86974-69-0

1. Arte contemporânea brasileira. 2. Dança. 3. Escrita. I. Bernardi, Aline (Organizadora). II. Tourinho, Lígia (Organizadora). III. Título.

CDD 709.81

Índice para catálogo sistemático
I. Arte contemporânea brasileira

Editora Circuito
www.editoracircuito.com.br